THE THREE-BOX SOLUTION
A Strategy for Leading Innovation

イノベーション創造戦略

組織の未来を創り出す「**三つの箱の解決法**」

ビジャイ・ゴビンダラジャン＝著

葉田順治＝監訳　**竹林正子**＝訳

ダイヤモンド社

THE THREE-BOX SOLUTION

by

Vijay Govindarajan

Published by arrangement with Harvard Business Review Press
through Tuttle-Mori Agency, Inc., Tokyo

私の未来を確実にし、導くために
とてつもない時間を私の教育に費やしてくれた
祖父、タゴール・タタに本書を捧ぐ

R. T. Velu Studio, Annamalainagar, India.

イノベーション創造戦略――目次

第1章

イノベーションに導く「三つの箱」

第2章

未来を創造する

第3章

過去を捨て去れ

第4章

現在を管理する

第5章

「三つの箱」のバランスを維持する

第6章

革新的なイノベーション

第1章

イノベーションに導く「三つの箱」

イノベーションを生み出すには、これまでとは違うスキル、評価基準、手法、マインドセット、リーダーの取り組みが必要だということは、経営者であればわかっているはずだ。つまり、新たな事業を創出することと、既存の事業を最大限に活用することは、経営上、まったく違う仕事なのだ。リーダーにとっては、この両方を同時に進めていくことが真の課題となる。現在、順調な事業の業績目標を達成しつつ、同時に劇的な改革も進めたい場合、組織内で相対する行動様式や活動を、あなたならどう調整していくだろうか？

長年、世界中の経営者、管理職、コンサルタント、研究者、アナリスト、思想的指導者などがこの問題に取り組んできた結果、「両利き」という概念が生まれた。経営上の複数の責務を同時に実現する組織的能力のことだ。[1]

だが、ここにも欠けているものがある。経営陣や組織の時間と注意力と資産を、現在、求められているものと、未来の可能性とに振り分けるためのシンプルで実践的な方法だ。経営者にはシンプルなツールが必要だ。組織のあらゆるレベルのさまざまなスキルや行動を測定するための新たな概念と言えばいいだろうか。事業を運営しながら、同時にイノベーションも生み出すという葛藤をきちんと認識して解決できる実用的なツールが必要なのだ。

イノベーションを起こそうとした人であればわかるはずだが、既存の事業を進めながら、同時に将来的な事業を創出するには、「両利き」以上のものが必要だ。そこには、もっと厄介な第三の問題がある。組織を過去に縛りつけている、それまでの価値観や信念を手放すということだ。

いま、リーダーに必要なのは「三つの箱の解決法」である。

「三つの箱の解決法」

非線形の大変化を達成するには、時間は連続的であるという認識が不可欠だ。未来は、はるかかなたの地平線上にあるのではない。未来を築く作業は、明日に先送りはできない。未来に到達するには、日々、自分で未来を築くしかない。つまり、過去にできあがった、あるいは過去によって築かれた信念、仮説、習慣を**選択的に**手放すことができないと、現在のビジネスと未来の潜在ビジネスの間に壁ができる。これが、私が「三つの箱の解決法」と呼ぶ考え方の基本である（図1－1を参照）。

「三つの箱の解決法」とは、イノベーションを起こそうとする経営者が直面する三つの、互いに矛盾する問題を認識するシンプルな枠組みである。既存のビジネスを最大限に活かしながら、同時に新たなビジネスを創出するために、重要だが矛盾する活動を行うために、組織やチームをどう連携させていくべきかを示す強力な指針である。企業がすべきことは次のとおりである。

・ＢＯＸ１――現在の中核事業を最大効率、最大利益率で運営する。

・ＢＯＸ２――環境変化により、適正でなくなった事業を特定して売却する。また適正でなくなった習慣、考え方、姿勢を放棄することで、過去の呪縛から逃れる。

・ＢＯＸ３――ブレイクスルーとなるアイデアを生み出し、それを新たな製品や事業に変換していく。

図1-1 | 三つの箱の解決法

「三つの箱」のバランスをとることで、経営者は好業績の事業を運営しながら、同時に新規事業を創出するという組織内の緊張関係を解決できる。

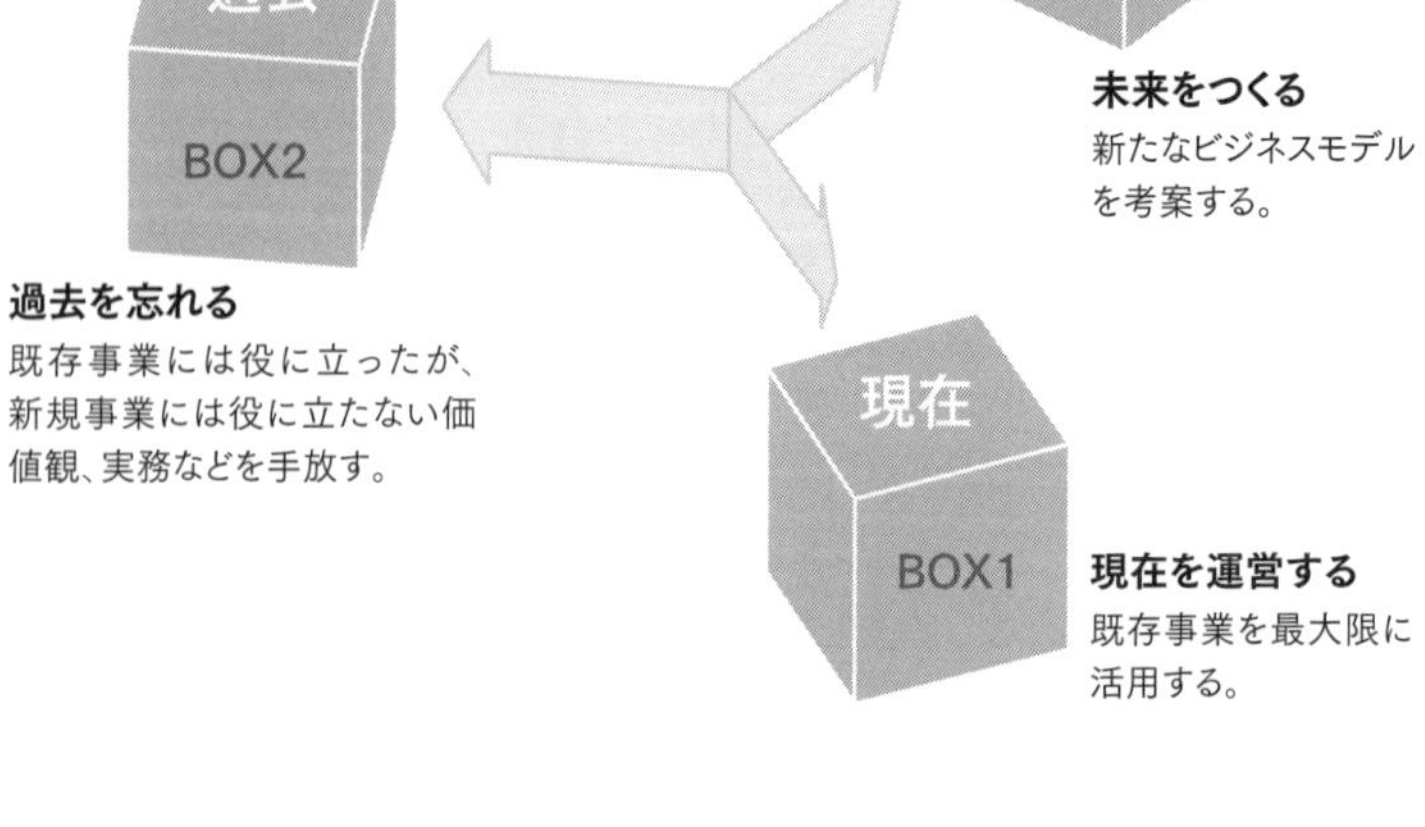
未来
BOX3
過去
BOX2
現在
BOX1
未来をつくる
新たなビジネスモデルを考案する。
過去を忘れる
既存事業には役に立ったが、新規事業には役に立たない価値観、実務などを手放す。
現在を運営する
既存事業を最大限に活用する。

表1-1 三つの箱の解決法

	戦略	課題	リーダーの行動
BOX1	最大効率で中核事業を運営。既存のビジネスモデルから線形イノベーションを生むことで、ブランドを拡大、あるいは製品改良をする。	短期的な顧客ニーズに注意を向け、効率的／合理的な低コストで最善の事業運営をする。計画から変動要因を排除し、報酬や戦略を伴うインセンティブを調整する。	最高の業績を達成するための大きな目標を設定する。例外や非効率なものをすばやく見つけるため、データ分析をする。何事も賢く迅速に低コストで行うカルチャーをつくる。

どのランクのリーダーも（特にCEO）、それぞれの箱に定期的に注意を払う。

	戦略	課題	リーダーの行動
BOX2	日々、未来をつくる能力はここから始まる。新しい非線形アイデアのためのスペースと支援の仕組みをつくる。過去の実践、習慣、活動、姿勢を手放す。	過去は必ず反撃してくるので、BOX3で忘れるべき価値観について難しい決断をする心構えが必要（BOX1で必要とされ、役に立つこともある）。	「計画的な日和見主義」のために正式な体制をつくる（例：「弱いシグナル」を集めて分析する）。独創的アイデアを擁護する。妨害を許さない。足を引っ張る人は目に見える形で正式に処罰し、組織内に前例をつくる。実験のきちんとしたプロセスのニーズを予測しておく。

**BOX2とBOX3は保護されるべき。
同時に、BOX1も邪魔されず、業務に専念しなくてはならない。**

	戦略	課題	リーダーの行動
BOX3	非線形の未来は、推測を試し不確定要素を解消し、リスクヘッジをする実験をして築く。新たな学びがアイデアを強化し、弱みを明らかにしてくれる。	どのアイデアから進めるべきか、明白にわかるとは限らないので、相対的価値判断の手法が必要。BOX3の成功率が低いことから、相違点を広げること。BOX3のプロジェクトが右肩下がりとなっても、帆を下ろさないこと。	BOX3の進捗は収益ではなく、実験からの学びの質やペースで判断すること。生まれつつある市場に非線形アイデアを投入するときは、製品だけでなく、ビジネスモデルや成長しつつある市場についても推測試験をすることが重要。

**「三つの箱」のバランスがとれていれば、
ビジネスはやがてダイナミックに変化していく。**

各箱のゴールを達成するには、それぞれ違うタイプのスキル、態度、習慣、リーダーシップが求められる（表1－1を参照）。

箱ごとに、それぞれ独自の活動や言動のバランスをとることで、あなたの組織は未来をつくり出していけるだろう。未来は、生きるか死ぬかの大変動を一度に起こすことではない。時間をかけた着実なプロセスとして起こる。つまり未来は、あなたが今日やったこと、そしてやらなかったことがつくっていくのである。

本書で学べること

「三つの箱の解決法」は、私が三五年にわたって世界中の企業と仕事や研究をする中で開発したものである。私が戦略とイノベーションについて考えてきたこと、教えたいことの基礎でもある。「三つの箱」の考え方を学生や企業幹部に示すたび、共鳴してくれる人が多いことに私は喜びを感じてきた。GE、タタ・コンサルタンシー・サービシズ、キューリグ・コーヒー、IBM、マヒンドラ&マヒンドラなど、本書で取り上げた企業をはじめ、さまざまな組織のビジネスリーダーから、この考え方のシンプルさと明快さを評価していただいた。それ以上に彼らが高く評価してくれたのは、なかなか妥協点が見つからない複雑なビジネス上の問題を解決する力である。GEビジネス・イノベーションの社長兼CEOで、GEの最高マーケティング責任者（CMO）を務めるベス・カムストックは、次のように話している。

「『三つの箱』の考え方のおかげで、ゼネラル・エレクトリックは『protected class』というアイデアを実現するプロセスを開発できました。初期の厳しい試験を経て、その価値を確認する時間と空間を与えられたからです。『変更するか、このまま維持するか』というマインドセットで新興企業のように活動することができて、その結果、デュラソン・バッテリーのような製品が生まれました。研究開発から販売に至るまで五年かかりましたが、『三つの箱』の考え方のおかげで、我が社のポートフォリオをきちんと位置づけて、調整しながら、イノベーションはプロセスであるという考えに至りました。この考え方が、会社をより速く、よりシンプルに、より独創的な方向に進化させてくれました」

彼女の同僚で、GEクロトンビル（訳注：GEのリーダー育成機関）人事部の副社長であるラグー・クリシュナムーシーもこの点に共鳴し、この考え方が永続的な影響を会社に与えたと話している。

「『三つの箱』の考え方は、我が社のビジネスチームに熟考と議論と、短期と長期の中核的戦略を確立する機会を与えてくれました。『既存』の事業を運営しながら、『未来』の事業を創出するために最適なバランスをとるには、エネルギーや人材をどれだけ費やせばいいのか、組織内でいろいろ話し合いました。この取り組みは、社内全体に影響を及ぼしました。リーダーたちが飛躍的な改善と飛躍的な変化には、強い相互関係があることを認識したからです。私たちの視野を広げ、カルチャーを強力にし、今後も継続して成長していける組織としての立ち位置を固めるという、永続的な影響を与えてくれました」

私が本書を書いた目的は、読者の皆さん、そして皆さんの組織が、日々の喫緊の問題に対処するのと同じ覚悟と粘りを持って、長期的な未来に取り組むことができるよう、その手助けとなる洞察や指針を示すことにある。GEも実践してきたように、皆さんも「三つの箱の解決法」の考え方に基づいて、シンプルな言葉と手段を組織全体に浸透させ、難なくイノベーションを導いていただきたい。

本書では、「三つの箱の解決法」の事例を詳細に示しながら、**切れ目のない**未来を構築するための枠組みを明らかにしていく。突然の危機や、想定外の新たなライバルが青天の霹靂のように出現してくるのをぼんやり待っている場合ではない。本書は、少人数チームから職務上の部署、事業部門から役員室、あるいは中核事業の業務責任者からイノベーションを引き出して進めていく人まで、あらゆるレベルのリーダーに向けたものだ。「三つの箱」の仕組みを理解する人が社内に増えていくと、会社全体が変化をうまく予測して、その変化を活用できるようになる。つまり変化に対処するのではなく、自ら働きかけるようになるのだ。「三つの箱の解決法」に取り組んだ組織は、大企業であろうが、中小企業であろうが、小規模非営利団体であろうが、未来を変えることが可能になる。

では、その一例を紹介しよう。

大手玩具メーカー「ハズブロ」の変革

一九九〇年代半ば、ハズブロは自らを製造業と認識していた。彼らが提供していたのは、主に玩具（G．I．ジョー、トランスフォーマー、マイリトルポニーなど）、ボードゲーム（人生ゲーム、モノポリー、キャンディランドお菓子の王国、蛇と梯子など）などの製品だった。マーケティング担当者によれば、ハズブロは「二歳から九二歳までの子ども」を対象に、広い意味での「ファミリー・エンターテインメント」業界で競っており、一九九〇年代まで顧客はハズブロの製品を小売店で購入していた。

現在のハズブロは、自称「ブランド化したゲーム会社」に変身している。顧客との接点は、実店舗の商品棚から生まれることもあるが、現在のハズブロの宇宙世界には、入り口となるたくさんの星がきらめいている。顧客は、さまざまなプラットフォームでハズブロというブランドと出合い、遊ぶようになっている。例えばオンラインゲーム、ファンサイト、映画、テレビ番組、デジタルゲーム・システム、漫画、雑誌などだ。ディズニーをはじめとする提携企業の商品も入り口となり得る。さまざまなハズブロのブランドを知って、実際に体験してもらうのが狙いだ。例えば「トランスフォーマー」という人気シリーズは、メディア、製品、体験の分野にまで広がっている（コラム「『トランスフォーマー』をライフスタイル・ブランドに変身させる」を参照）。

コラム

「トランスフォーマー」をライフスタイル・ブランドに変身させる

玩具やフィギュアなど、ハズブロの「トランスフォーマー」の製品ラインには、適切な名前が

玩具を超えるブランドとして拡大し続けてきた。クリエイティブな変化も可能なこの製品ラインは、一九八四年の発売以来、玩具を超えるブランドとして拡大し続けてきた。

・ユニバーサル・スタジオ・ハリウッド、トランスフォーマー：ザ・ライド－3D（身長一メートル以上対象）
・映画、テレビ番組
・衣類（Tシャツ、ジャケット、パーカー）：幼児、子ども、大人サイズ
・キャラクター・コスチューム（ヘルメット、マスク、防護具、武器）
・バックパック、ランチ・バッグ
・Xbox、プレイステーション用コンソールシステム型ゲーム
・トランスフォーマーの掛布団やシーツ、枕カバー、壁紙などの室内装飾品

出典：Photos copyright TRANSFORMERS® and copyright 2015 Hasbro, Inc.
無断使用を固く禁じる。

・漫画（印刷、デジタル）――IDW出版を通じて

ハズブロは他の多くのブランドについても、ユビキタスな実験的マーケティング戦略をとっている。あらゆる方向から顧客に影響を与えるライフスタイル・ブランドという戦略だ。かつての顧客は、雨の日や夕方以降の時間帯に家族でハズブロのボードゲームをして遊んでいた。現在の顧客は、トランスフォーマーの服を着てトランスフォーマーの映画を観にいき、旅行でテーマパークに行ってトランスフォーマーの3Dライドに乗る。さらに自宅の子ども部屋の寝具まで、トランスフォーマーで揃えることができる。ブランド価値を多様なプラットフォームで創出し、実現することが、「三つの箱」の戦略だ。

ハズブロの過去から現在への変化は劇的だった。間近で何年も観察してきた私は、その変化が突然に起こったのではなく、継続して注力し、実験を重ね、学んできたことの結果であることに感心した。曖昧で決定打とはならない実験や学びもあったが、そのような努力をほぼ二〇年、続けたのである。ハズブロにとって、未来の創出は大変革イベントではなく、着実なプロセスの積み重ねだった。

ハズブロの変身物語は、本書の中心テーマを見事に描き出している。つまり、組織がバランスのとれたやり方で、いかに**現在のコアビジネス（中核事業）を最高の効率と利益率で運営しながら（BOX1）、油断ならない過去の罠に陥ることなく（BOX2）、非線形型の未来をつくり出すか（BOX3）**ということだ。

「三つの箱」のバランスをとるのは、なぜこんなに難しいのか？

多くの組織が、なぜ現在にばかり重点を置いて、未来に賢く投資できないのかと、私は長いこと悩んできた。確かに、現在を表すBOX1は極めて重要な**パフォーマンス・エンジン**だ。これが日々の業務の運営資金も、将来の利益も生み出してくれるからだ。だが、現在の事業がそれ以外の戦略的優先事項を締め出して、**唯一**のスキルを現在のコアビジネスにのみ適応すると問題が発生する。

これは、あらゆる意味で近視眼的としか言いようがない対応だ。BOX1が優勢になると、BOX3は弱体化し、BOX2は存在感が消えてしまう。これは非常にもったいないことだ。「三つの箱」のそれぞれの利点とリスクを十分に理解して、慎重に運営していくことで、初めてビジネスの健全な戦略が実現する。「三つの箱」の考え方を使えば、組織全体の力を高め、革新的な未来をもたらすことができる。また四半期ごとのスパンではなく、何世代にもわたって生き残る組織を構築することもできる。VIVAバーレーン（訳注：移動体通信事業社。二〇一九年一二月にstcバーレーンに社名変更）の主任戦略部長、カリーム・タボーシュもこう語っている。「我われの計画プロセスは近視眼的で短期的で、目標も戦術的で線形になっていました。そこで、『三つの箱』の考え方を使って計画プロセスを見直し、BOX2とBOX3の非線形な取り組みについて意見を出し合い、またBOX1の秀でた取り組みもそのまま維持しました。BOX1、BOX2、BOX3がそれぞれ互いに健全なバランスがとれるよう、資源を割り振ることが重要なんです」

とは言うものの、多くの組織がBOX1に集中しがちなことは驚くべきことではない。BOX1という現状には実績という裏づけがあり、すっかり馴染んだ業務の考え方や行動様式が組織に深く浸透している。ここは、コンフォートゾーン（快適域）なのだ。大半の企業の組織構造は、過去の成功に基づいてつくられ、現在のコアビジネスの優先事項を支えるよう修正を重ね、コアビジネスがもたらすキャッシュフローと利益を最大限にすることを目指している。

それに比べ、BOX2の「過去の罠に陥らない」という作業は、困難と苦痛を伴う。下手をすると、長年の事業を売却するとか、長年親しんできた慣習や心構えを放棄するといった苦しい経営判断が必要になるかもしれない。過去に成功した支配的なビジネスモデルに従わないアイデアにとって、歓迎できないもの、敵対的なものは手放すことになるだろう。さらにBOX3の未来を創出するには、不確実性とリスクをはらんだ信念や実験の積み重ねが必要だ。つまり現在のコアビジネスを最高レベルで運用するという、比較的安定した予測可能な業務をしていたときとは、まったく違う組織体制が求められる。まっさらの経営戦略や評価基準が必要となるのだ。

対照的にBOX1は、次のような考え方に基づく、静かな隠れ家のようなものかもしれない。

・現在に集中すれば、報酬はすぐに得られるし、予測も評価も容易である。事業が現在の機会を最大限に活用するよう、常にプレッシャーをかけてくる。と同時に、不透明な長期的な未来には関わらないようにというプレッシャーもかけてくる。

・現在の成功に必要なスキルやノウハウはわかっており、それは十分に手に入るが、一〇年先、一五年先のことはわからない。未来に賭けるのは、混乱した頭で当て推量をするようなもの。しかも、その結果がわかるのはずっと先のことだ。

・現在のリスクは、比較的小さい。市場の変動の激しさ、マクロ経済の影響、競合他社の動き、規制、政治状況といった現状はきちんと理解しており、すでに確立された手法で対処できる。

・将来のことを考えないリスクは長期的には甚大であるが、未来は遠い先の観念でしかなく、切迫感がない。

だが、切迫感こそ必要なのだ。ＢＯＸ１に入れ込みすぎると、組織の体幹を支える筋肉が弱くなる。突然のピンチに陥ったとき、これでは対処できないだろう。私たちが健康のためにするように、組織も全分野の筋肉を定期的に鍛えることが大切だ。「三つの箱」それぞれに必要な関心を常に払いつつ、三つを一緒に運用していけば、バランスのとれた状態となり、長期的に組織自らが危険を招いたり、危機が訪れたときに自分に都合のいいように対処することはないだろう。

毎日「三つの箱」に注意を向けるようになると、「三つの箱」が相互に関連し、互いを必要としていることに気づくはずだ。ハズブロのCEO、ブライアン・ゴールドナーはこう語っている。「私にとって『三つの箱』は、ロシアのマトリョーシカみたいなものです。形やサイズのうえで互いに影響されながら、決して別々には扱えない分身なんですよ」

さらに「三つの箱」は互いに関連しながらも、それぞれに必要とするスキル、訓練、運用戦略が異なることにも気づくだろう。そのため箱の間を移動する際に、リーダーには前述の「**両利き**」以上の能力が求められる。BOX1を初期設定の状態に戻すことは簡単だが、「三つの箱」すべてに注意を向けるには意識的な訓練が必要だ。ハズブロのゴールドナーは、それぞれの箱にどれだけの時間を費やしているか、自分で割り出しているという。「BOX2と、BOX3に十分なエネルギーを注いでいるか、毎週、カレンダーをチェックしていますよ」

「三つの箱」のバランスをとるという目標を達成するには、箱ごとに成功の定義が違うことを理解しなくてはいけない。

- BOX1のスキルや経験を用いて、**コアビジネスを最大効率で運営し、線形イノベーションを実行する。**
- BOX2のスキルを用いて、環境変化の中で妥当性を失った事業をあぶり出して除外する。また、そのような習慣、アイデア、姿勢を放棄することで、**過去を選択的に忘れる。**それができないと、未来の創出に専念できない。
- BOX3のスキルを用いて、**非線形アイデアを創出し、実験を重ねることで、そのアイデア**

を新たな製品やビジネスモデルに変身させる。

「三つの箱の解決法」とは、私が母国インドで慣れ親しんできた**維持**、**破壊**、**創造**という三つの価値観の間で自然発生する緊張状態に上手に対処していく方法だ（私が提唱する考え方の哲学的背景については、コラム「三つの箱の解決法のルーツはヒンドゥー教」を参照のこと）。

成功の罠

ＢＯＸ１の成功が大きいほど、突破口となるべきＢＯＸ３の戦略を着想し、実行するのは難しくなる。これが「三つの箱」のバランスをとる際の一番の問題だ。この「成功の罠」をつくり出すのは不注意ではない。過去の成功という、とてつもなく大きな力が生み出すのだ。「成功の罠」が致命的なのは、事業の将来の成功のために必要なことが、すでにわかっているかのような気になることだ。しかし、現実は違う。常に新しいことを学習していかないと、組織は滅んでいく。

ほとんどの大衆娯楽がそうであるように、ハズブロもずっと「ヒット商品ベース」の業界で競っていた。多くの新商品を発売する中で、願わくは一つ、あるいはそれ以上の大ヒットが出れば、その製品ラインや販売権の収益で、それほどヒットしなかったその他の商品の開発コストを補って余りある状態になる。長年ハズブロは、伝説的なヒット商品に恵まれ（Mr.ポテトヘッド［訳注：二〇二一年三月にポテトヘッドに改名］、G.I.ジョー、トランスフォーマー）、それぞれの商品が成長プラットフォームとなった。だが、二〇年前までのハズブロは、自らを小売専業の玩具・ゲーム製造会社と認識していた。

ハズブロのような事業におけるリスクは、過去の勝利に浸って自己満足に陥り、以前は安全なビジネスモデルだったものが脅かされるような環境変化が起こったことに気づかないことだ。だからこそ組織は、過去の影響に屈することなく、新しいアイデンティティのために古いものを捨てられるよう、BOX2の能力を伸ばさなくてはならない。

ハズブロ自身は、実はいきなり驚異的な大変化を起こすという歴史を繰り返している。一九二〇年代にハッセンフェルド家の三兄弟が設立したハズブロは、当初は端切れのビジネスをしていたが、まもなく筆箱など学用品の製造を始めた。ところが、鉛筆製造会社の値上げをきっかけに自社で鉛筆製造を始めたところ、この事業が成功し、一九八〇年代まで利益を生み、おかげでその他の製品の製造や冒険的な事業に使える資金ができた。ハズブロは一九四〇年代、戦後のプラスチック革命に合わせるかのように、最初の玩具（おもちゃの聴診器、体温計、注射器がついた「お医者さんと看護師さんのセット」）を発売した。一九五二年には、Mr.ポテトヘッドが発売された。

ハズブロほどの変化を経験していない企業であれば、ＢＯＸ２の習慣を身につけることは非常に困難だったかもしれない。過去の成功の上に成り立つＢＯＸ１の作業は、成功から生み出された経営上の習慣に従って築きあげればいい。成功の果実は現実のものだし、それを維持していくために必要なものは特に変わらない。これがその企業のＤＮＡとなり、自らのシステム、プロセス、カルチャーをつくり出していき、そこから組織のすべての活動分野におけるアプローチができあがる。例えば、人材の採用、昇進、投資、事業評価、戦略形成、アイデアや機会の査定方法など。（過去を追認するような）**線形**アイデアは採用されやすいが、（過去を追認しない、不確定で脅威的な）**非線形**アイデアは却下されやすい。

経営者は、実利的な意味でＢＯＸ１のチームには業績目標にこだわってほしくないと思っている。チームもそう思っているはずだ。ミーユー・ヘルス社（訳注：ソーシャルウェルビーイング・カンパニー）の統括マネジャーであるトラッパー・マーケルズは、社内の「中心的な」セールスチームが革新的な新製品を売ろうとしたときの経験を語ってくれた。

「二〇一四年、私のＢＯＸ３専門チームが強力な新製品を開発しました。当初は、（全社共通の）セールスチームが営業を担当したのですが、そこが本来ターゲットとする顧客セグメントと価格帯が、新製品のターゲットとは違っていたために、優先的に営業してもらえなかったんです。そのため、販売成績は目標をだいぶ下回りました。『三つの箱』のコンセプトを知らなかった頃の私だったら、この原因はチームの教育にあると考えたでしょう。ところが、このコンセプトを習得していたことで、本当の問題がどこにあるか、私には理解できたんです。つまり私のチームは、セールスチームに**本来とは違う**（BOX3の）任務を要求し、それ以外の部署は彼らにそれまでどおりの（BOX1の）任務を**もっと**するよう要求していたのです。両方やらせるのは無理な話なので、私は自分の事業部の新製品に特化した販売／マーケティング・チームを新たにつくってくれるよう、CEOに掛け合いました」

これが、まさに過去の成功が生んだ罠の一例だ。自分が慣れ親しんできたものとは根本的に違うアイデアを根づかせるのは、至難の業だ。「これまでとまったく違う未来をつくる」と口では言いながら、これまでとまったく変わらない行動をとるというのは、よくある話だ。

ハズブロが自らを玩具とゲームの製造会社と見なし、顧客とは販売店を通じてのみつながっていると考えていたとしたら、現在の成功はなかっただろう。ここに至る年月の中で、彼らは自らのアイデンティティを脱ぎ捨て、変身を遂げた。成功の罠にはっきりと焦点を当てたBOX2が、BOX3のイノベーションに重要である理由の一つがこれである。このあと、第4章で紹介するユナイテッド・レンタルズの例を見ればわかるはずだが、BOX2の習慣が、BOX1のパフォーマンス・エンジンが中核事業を運営していくうえでの新たな着想を与えてくれることもある。

コラム

三つの箱の解決法のルーツはヒンドゥー教

ヒンドゥー教には、ヴィシュヌ、シヴァ、ブラフマーという三大神が存在する。ヴィシュヌは「維持」、シヴァは「破壊」、ブラフマーは「創造」の神である。ヒンドゥー教でよく知られたこの三大神が、実はビジネスの繁栄維持にも応用できる。まずヴィシュヌのように、企業は既存の中核事業を維持しなくてはいけない。だが、シヴァのように、非生産的な過去の痕跡は捨てなくてはならない。そしてブラフマーのように、時間と環境が破壊したものを満たすよう、有望な未来をつくり出さなくてはならない。

ヒンドゥーの三大神には、それぞれ象徴的な妻がいる。ヴィシュヌの妻は、BOX1の製品が利益をもたらしてくれるように、富をもたらすラクシュミーである。シヴァの妻は、BOX2が選択した過去を破壊する際に必要不可欠なパワーを象徴するパールバティ。ブラフマーの婚約者は、BOX3のイノベーションや将来の利益の源にとても重要なインプットとなる創造と知識を象徴するサラスワティだ。

ヒンドゥー哲学によると、「創造－維持－破壊」とは、始まりも終わりもなく、延々と続くサイクルだ。三大神は、あらゆる生命体の創造と維持のため、それぞれ同等に重要な役割を果たす。さらに宇宙は劇的な変化を遂げることがあるが、変化へと向かうプロセスはたいてい進化的であり、小さなステップをいくつもいくつも重ねていくのだとヒンドゥー教は教えている。この哲学に即して言えば、企業を維持していくことは、終わりのないダイナミックでリズミックなプロセスと言える。

この「三つの箱の解決法」を、ミューシグマほど明確に組織体系に適用している企業はないだろう。ミューシグマは決定科学とビッグデータ分析で急成長している企業で、本社はシカゴ、イノベーション開発センターはバンガロールにあり、セコイア・キャピタルとゼネラル・アトランティックの支援を受けている。ミューシグマの創設者でCEOのディラージ・ラージャーラームは、祖母から聞いたヒンドゥー神話にヒントを得て、調和のとれた「維持、破壊、創造」のサイクルを継続できるよう、ヒンドゥー教の三大神を取り入れた。

この会社では、経営陣を三つの「大家族」――ヴィシュヌ（維持）、シヴァ（破壊）、ブラフマー（創造）に分けた。会社のサイトを見ると、経営チームのメンバーがそれぞれヴィシュヌ、シヴァ、ブラフマーと名づけられている。各リーダーは任意ではなく、それぞれの生来の性質を鑑みたうえで選ばれている。明確な役割を与えることで「三つの箱」の調和が生まれることが期待されているのだ。

三つの大家族は、ダイナミックな「チャレンジ／レスポンス」のサイクルのようなプロセスに取り組んでいる。ラージャーラームはこう説明している。「大家族間でお互いに議論をふっかけて、それぞれ自分たちの計画やアイデアの弁護をし、切磋琢磨しているんです」。ヴィシュヌは、「何を残し、何を捨て去るのか」とシヴァに挑む。シヴァはブラフマーに、「どのアイデアが実際に遂行する価値があるのか」と説明を求める。「互いに意図した動きをあらゆる角度から探って試したあとに、最良の解決法が明らかになるんです」とラージャーラームは言う。大家族をつくることで、「『三つの箱』の考え方を我が家のカルチャーに深く浸透させることができました。三つが常に関わり合うことで、組織は変化の利益を得ることになるのです」。

線形／非線形イノベーション

BOX1とBOX3は、それぞれ独特のイノベーションの形を必要とする。これが、「三つの箱」のバランスをとるのに非常に苦労する点である。優れたイノベーションの実現のためには、この二つの箱それぞれに根本的に違う運営が求められる。だからこそ、それぞれのイノベーションのタイプを見極めることが死活問題となる。

イノベーションには、いろいろな分類方法がある。イノベーションには、維持するものも、破壊するものもある。徐々に起こるものも、急激に起こるものもある。能力を強化するものも、破壊するものもある。製品に関係するもの、プロセスに関係するものもある。そのうえで、私は**すべて**のイノベーションを次の二つのタイプに分類する。

・**線形**イノベーションは、**現在の**ビジネスモデルの業績を改善する。これは、BOX1の作業の範疇だ。一例として、ハズブロはゲーム「モノポリー」と、昔からの定番商品「Mr.ポテトヘッド」の「スターウォーズ」版（「ダースベイダー」をもじった「ダーステイター」）を開発した。どちらも、基本的に昔からのビジネスモデルのブランドの延長商品をつくった形だ。このタイプのイノベーションは、BOX1の知識、システム、構造を活用して、現在のコア部分に築かれる。そのため線形イノベーションはまっすぐで明白で、現状を脅かすものではない。

・**非線形**イノベーションは、BOX3の領域であり、劇的に（1）現在の顧客一式を見直し、

（2）顧客に提供できる価値を改善し、さらに／あるいは（3）顧客に届ける価値連鎖の構造を全面的に再設計することで、**新たな**ビジネスモデルを創出する。これからお話ししていくように、ハズブロは「三つの箱」のすべてのアプローチの変化形を実行し、劇的に価値連鎖を再構築して、新たな顧客層に新たな価値を提供した。

予測できない未来に備える
――計画的な日和見主義、弱いシグナル、そして日々築く未来

「幸運は用意された心にのみ宿る」という言葉は、まさにそのとおりだろう。同様に、用意されていない心は不運に悩まされるというのも真実だ。リーダーがBOX1の現在にエネルギーを過剰注入していると、「**いまこそが、未来である**」ということを忘れがちになる。未来は毎日、少しずつつくられている。**今日やったことは、昨日やったことの上に積み重なっていくのだ。**スペイン・マドリッドのIEビジネススクール（インスティテュート・エンプレッサ・ビジネススクール）のマネージング・ディレクター、カラン・グプタは、「三つの箱」の効果について、こう話し

ている。

「『三つの箱』の考え方はシンプルですが、実践するのは極めて難しい。日々の業務から脱して未来に焦点を当てるというのは、『言うは易く行うは難し』です。ですが、『三つの箱』を使うと、大きな効果があるんですよ。『毎日、鏡を見て、今日はBOX3について何をやったか自問する』ことを習慣にして、常に思い起こすようにしたら、マネジャーたちの日々の業務や未来への集中度が高まりました。マネジャーたちの中で大きな変化があったと、私自身も感じました。日々の業務効率が上がったので、BOX3のアイデアを考える時間ができたんです」

BOX3に日々、時間を費やすことは、良くも悪くも何をもたらすかわからない未来に対して準備をすることになる。この時間投資ができないと、将来がっかりするような、あるいは危機に陥るようなことになりかねない。

どうしてこんな簡単なレッスンを実行することが、そんなに難しいのだろうか？ **それは、「いま」未来をおろそかにしても、その代償は「いま」現れないからだ。**

BOX3を、将来の健康のために定期的に運動をするという、個人の行動に置き換えてみよう。出張の多い企業幹部の場合、日常的にルーチンとして運動することは難しいだろう。移動はただでさえ疲れるものだ。一日くらい運動しなくても、その代償はたいしたことはないように思い、ホテルのジムで運動するのは**やめておこう**ということになる。しかし、この選択の代償が時間の経過とともに積もっていくと、体重やストレスの増加、体力や持久力の低下、あるいは重大な病気の発症リスクの増加といった形で、将来の健康が衰えてくるのである。

個人が健康への投資を怠る場合と同様に、ビジネスも日々、未来に注意を向けていないと、いずれ年月をかけて醸成された危機に直面して慌てふためく結果になりかねない。逆に、積極的に**日々**、未来に注意を向けていれば、未来を有利な形で引き寄せる機会を得るだろう。企業は、私が**計画的な日和見主義**と呼ぶものによって、積極的なイノベーション・カルチャーをつくるべきだ。計画的な日和見主義とは、**予測できない未来への備え**となるリーダーの態度や行動を指す。実際には、前向きな能力を各種、取り揃えていくこと、そして実験する訓練を取り入れること。その実験によって、予期せぬ機会を追求し、具体化してくための柔軟性が生まれるのだ。重要なのは、未来を予測することではない。自分でコントロールできない環境に備えておくことなのだ。

計画的な日和見主義は、「三つの箱の解決法」のもっとも大切な考え方の一つだ。これは良くも悪くも、あらゆる種類の予測不能事態の埋め合わせをする方法だ。そのシンプルな例として、ビジネスにおいて多くの人が思いつくことなのに、実際にはほとんどの企業が実践できていないことがある。景気下降局面では、戦略的な事業を含め、企業活動を全面的に縮小する企業が多い。だが、的を絞って予算を縮小した企業や、BOX3の戦略的投資をむしろ増額した企業に比べ、彼らのその後の業績回復ははかばかしくない。後者のタイプの企業が困難な環境に上手に対応できたのは、計画的な日和見主義のおかげで恐怖やパニックに陥ることなく、戦略に自信を持って行動できたからだ。

ハズブロは何年もかけて、計画的な日和見主義を制度的にうまく実践できる組織となった。表1-2の戦略変更リストにあるように、ハズブロが置かれていた競争の激しい環境下では、一九九〇年代半ばから二〇一五年までにさまざまな非線形の変化が起こっていた。二〇年前のハズブロに、このような変化が予測できたとは思えない。だが、見識ある仮説として、製品の方向性を見立てることはできたに違いない。そのためには、未来学者が「弱いシグナル」と呼ぶものに基づいた洞察力が必要となる。[2]

「弱いシグナル」とは、テクノロジー、文化、マーケット、経済、消費者の嗜好や行動、人口統計に起こりつつある変化のことだ。「弱いシグナル」は、その言葉が示すとおり、不完全で不安定で不明瞭なので評価が難しい。だがこれが、未来の非線形の変化に向けて仮説を立てるための材料となる。ハズブロは、今後、繰り広げられる可能性のある未来を推測するために、「弱いシグナル」の活用法を考案した。それは、次の三つの基本的な問いかけから始まる。

・現在の成功を支えている特定の要素、状況は何だろうか？
・その要因の中で、時間の経過とともに、成功を脅かす形に変わる可能性があるもの、あるいはすでに変わりつつあるものはあるだろうか？
・その変化の影響を和らげる、あるいは逆に活用できるよう、先取りして準備をしておくにはどうしたらよいか？

この問いの答えを考えながら、ハズブロは時間をかけて、予測不能な未来に向けて、賢明な非線形の行動をとってきた。どんなビジネスであっても、時間と変化に対しては、受け身の姿勢ではなく、積極的に対処するほうが自分のためになる。これが「三つの箱の解決法」の真髄である。ハズブロは未来を見つめることで、不連続性を予測できた。例えば、アメリカの家庭では両親ともにフルタイム勤務がすでに標準となっていたが、これがファミリー・エンターテインメントにとって何を意味するのかは、まだ明確ではなかった。さらにアメリカの出生率低下は、ハズブロの顧客基盤の縮小を意味した。同時にアメリカの人口統計から、消費者の多様化が進んでいることも理解できたかもしれない。また、グローバル化の加速により、成長著しい世界市場に食指が動いたかもしれない。

同様に、一九八〇年代にも「弱いシグナル」はあった。例えば、アタリのテレビゲームやパソ

表1-2　1995年～2015年までの20年間にわたるファミリー・エンターテインメント業界の戦略変更

テクノロジー	・独自開発したゲームのシステム／プラットフォーム ・ロボット工学 ・インターネット、ワイヤレスが急速に成長し、主要なエンターテインメント・チャネルとなる ・コンパクトなデジタル機器やメディア（カメラ、スマホ、タブレットなど） ・製品のライフサイクルの短縮化、および技術進化がテクノロジー・ベースのゲームの値下げ圧力となる
ファミリー・エンターテインメントのコンセプト	・一家でゲームをする時間が減少したことで、ゲームが年齢階層化 ・共働き家庭では親が子どもと過ごす時間は減るが、子どもが娯楽に使えるお金は増える ・親は子どもに充実した価値を与える玩具やゲームを好む ・多くの子どもが過密スケジュールで、自由時間が少ない。一人の時間に遊ぶことが多いので、ペースの速いビデオゲームを好む
販売チャネル	・大規模小売店の出現で、小規模店舗が一掃された ・大規模小売店は規模の経済を推し進め、サプライチェーンの統合化が進む ・大規模店は自社ブランド製品を供給 ・「伝統的」ライバル社が倒産することで、業界の統合再編がさらに進む
人口統計	・子どもが「早熟となり」、昔ながらの玩具には幼いうちに興味を失う ・高齢化が進み、祖父母が有力な購買層となり、彼らが孫たちとの遊び時間を「占有」する場合も ・大人も社交の場、および/あるいは職場で遊ぶ機会がある（戦略、あるいはシミュレーションのためのゲームなど） ・増加するマイノリティ人口が、そのうちマジョリティとなる
グローバリゼーション	・遊びの考え方が異なる、可処分所得が低い国々が、今後、マーケットとして大きく成長する可能性がある ・新興国市場では、文化、市場、物流等の障害を乗り越えるため、製品のデザインや製造、マーケティングに新たな取り組みが必要となる欧米企業は新たなコンピテンシーを身につけなくてはいけない ・発展途上国市場の成長の可能性は、現在のコンピテンシーを使って追求できる

コン革命によって、テクノロジーがゲームの世界を大きく変えるだろうという予兆はあった。しかし二〇年前には、テクノロジー・ベースの進化については不確定要素がまだまだたくさんあった。

・インターネットは、どれくらいのスピードで有力なチャンネルとなるだろうか？
・企業は消費者に対して、リアルとバーチャルの世界をどのように統合すればいいのか？
・このような世界では、誰が競合相手になるのか（エレクトロニック・アーツ、任天堂、AOL、ソニー）？
・新たにパートナーとなり得る企業はどこか（マーベル・コミック、ピクサー）？
・家庭内プラットフォームとして、パソコンがこのまま優勢となるのか、それとも新たなプラットフォーム（携帯）、あるいは旧式（テレビ）が取って替わるのか？
・業界が「アナログで大金」から「デジタルで小銭」のビジネスモデルに移行した際、新たな経済モデルはどのようなものになるのか？

「三つの箱」のバランスをとる（1）
知識を増やして、不確実性を減らす

不確実な環境下でハズブロが直面したような問題に取り組む最善の方法は、低コストの実験をやってみることだ。そうすれば、実現可能な新たなビジネスモデルを見出す過程で、極めて重要な未知の要素を試すことができるはずだ。ゴールドナーが言うように、「いま、生まれようとしているマーケットがどんなものになるのか、調査して、学習する必要がある」のだ（第3章で紹介するIBMの事例では、新たなビジネス機会をつくり出すプロセスの中で、彼らはまだ見ぬ新たなテクノロジーを学ぶことに重点を置いた。このテクノロジーはその時点では、宇宙空間に例えると、冷却されて惑星になる前のガスや塵が集まってできた雲のような状態だった）。このような環境下で、「弱いシグナル」に基づく推論を実験する際には、たくさんのヘッジ戦略も考えておかなくてはいけない。

実験とは、学習するためのものだ。だが、忘れることができないと、学ぶこともできないだろう。BOX3の「創造」を成し遂げるには、まずBOX2の「破壊」の作業で優れた結果を出さなくてはいけない。BOX2の作業は、（長期的に耐え得る）**時代を超越した**価値と、（時間の経過とともに腐敗しやすい）**時宜を得た**価値との相違点を見つけることである。例えば、木の根っこと鎖を思い浮かべてほしい。根っこを切れば、木は枯れる。組織の根っこにも時代を超越した価値があり、それはしっかり守っていくべきだとリーダーは理解する必要がある。反対にどんな組織にも、その時点ではタイムリーだったアイデアや行動が、いまでは役に立たない足かせ（＝鎖）となっている。この鎖を見つけ出して破壊しないと、組織は未来を手にできない。

組織は、新たな事業部門についてのアイデアを試す必要がある。時代を超越した価値を取り込み、また同時にタイムリーな機会を得るためにも必要だ。このような判断プロセスをつくっておけば、企業がその中心に据える使命やビジョンから外れないよう、踏みとどまらせる利点もある。

ハズブロでは、クリエイティブなアイデアが枯渇することはなかったが、逆に一九七〇年代に冒険的な事業を立ち上げた際に、先走りすぎたことがあった。その頃、多くの業界では冒険的な事業を立ち上げて多角化することが流行っていた。ハズブロも、（テレビの子ども番組で有名になった）「ロンパールーム」のブランド名で保育園チェーンを設立した。当時は、ニクソン大統領の政権下で保育扶助制度が始まったところだったので、確かに時宜を得たアイデアではあった。ハズブロは、すでに成功していた「ロンパールーム」ブランドの玩具事業の延長線上に保育園をつくろうと考えた。ところが製造業からサービス業に参入することは、彼らの根っこの部分に当たる「時代を超越した価値」を破壊し、危険を顧みず飛び出すことになるのだと悟り、我に返った。

『子どもが一人見当たらないんです』という電話が入るたびに、全社の業務がストップすることになったでしょう」と、ハズブロの創業家のメンバーであるアラン・ハッセンフェルドは、一九八四年一二月一三日付のウォール・ストリート・ジャーナル紙の記事で語っている。ハズブロは、大胆で無分別とも言える保育園ビジネスを五年継続したのち、撤退した。

非線形のアイデアがすべて、その組織にとって適したビジネスとは限らない。非線形のアイデアで実験をする際は、健全なヘッジ戦略として、既存のビジネスモデルと社内のスキルを**どこまで広げるか**、その限界点を査定しておくことだ。一九七〇年のハズブロは、すでに玩具製造会社として安定した地位を築いていた。ロンパールーム保育園のアイデアを検討したとき、彼らはこの事業でブランドの影響力が強まると考えていたわけだが、社内のスキルとカルチャーが、幼児教育というビジネスモデルに必要なものとは合致していないと判断することもできたはずだ（幼児教育というビジネスモデルの難しさを過小評価していたのかもしれない）。不慣れなビジネスモデルに手を出したことで、自社の根っこにある「時代を超えた核心部分」からあまりに外れてしまったと気づいたときに、彼らはようやく撤退を決めたのだった。

新たな価値の扉を開くレバーとしての構造
「三つの箱」のバランスをとる（2）

「ハズブロのような歴史のある会社にとって、BOX2がもっとも困難な作業なんです」とゴールドナーは話している（コラム「一九九〇年代半ばのハズブロが直面した『忘れることの難しさ』」を参照）。

上手に忘れるための戦略として、組織構造を変えるという大刷新が必要な場合もある。ゴールドナーもこの点を認めている。「ハズブロは昔から部署ごとの交流があまりなかったので、（二〇〇〇年代初めに）最初にやったのが、製造部門ごとに分かれていた組織を、グローバルブランド・リーダーの下でブランドごとに分けることでした。これは、BOX2の作業となりました。過去の運営方法を忘れる必要があったからです」（非線形のイノベーションの企画を立ち上げる際には、まず組織変更から始めなくてはいけない場合がある。第6章で紹介するマヒンドラ・グループのCEO、アナンド・マヒンドラは、会社の雑多な組織構造を変えたことで、新たなマーケットの可能性や起業家的なカルチャーが生まれたと語っている）

社内をブランドごとに組織編成したことで、ハズブロのマネジャーたちは、ブランドのビジネスチャンスを無数に追求するのに必要な責任と権限を得た。「計画的な日和見主義」のおかげで、ハズブロは戦略開発に柔軟に対応できることになった。その結果、テクノロジー、人口動態、世代間の行動、グローバルなビジネスチャンスなど、彼らがすでに把握していたさまざまな変化に正面から向き合うことができた。

二〇〇〇年時点で、ハズブロは新興国市場においては存在感がほとんどなかったが、それ以降は積極的に投資を進め、現在では収益の五〇パーセント以上をアメリカ以外の市場で稼いでいる。特に、新興国市場での収益がその大部分を占めている。またハズブロは、デジタルゲームに重点を移した。グローバルブランド・チームは、「トランスフォーマー」などの中核ブランドを玩具、映画、テレビ、インターネット（SNSも含む）など、複数のプラットフォームで展開した。二〇〇〇年には、ハズブロの上位八つのブランドが総収益に占める割合は一七パーセントだったが、二〇一五年には五〇パーセントを超えた。

二〇〇〇年の終わりから二〇一五年の第1四半期にかけて、ハズブロの株価は一一ドルから七二ドルに上昇した。これを一五年間の株式時価総額で見ると、インターネットバブルの崩壊や世界的金融恐慌の中でも年率一四パーセントの成長を遂げたことになる。それとは対照的に、ハズブロのライバルであるマテルの同時期の株価は、一五ドルから二五ドルと上昇幅はわずかだった。マテルは二〇一四年の総売上高が六〇億二〇〇〇万ドルと、ハズブロの四三億ドルを上回っていたが、二〇一五年四月時点で両社の株式時価総額は同レベルとなっている。

ハズブロの強みの一つは、非線形的に物事を進める際には、再始動が必要なこともあると認識している点だ。二〇〇九年、ケーブルTVネットワークの成長を見て、ハズブロはディスカバリー・コミュニケーションズと組んでHUBネットワークを開設して市場に参入した。[3] 四年間で、視聴者は約七〇〇〇万世帯となったが、ハズブロは二〇一四年に投資を引き揚げ、六対四の割合でディスカバリーに支配利権を渡した。この決定は、「(ディスカバリーが) よりいっそうこのケーブルTVを支えていく動機づけとなり」、ハズブロ側は「このチャンネルで放送されるテレビ番組、『マイリトルポニー〜トモダチは魔法〜』『リトルペットショップ』『トランスフォーマー――レスキューボット』の関連商品の売上を拡大することができた」とゴールドナーは話している。

ハズブロは同時期にディズニーと新たな契約を結んで、商品力をさらにアップさせた。ディズニーは一一の王女様キャラクター（シンデレラ、ジャスミン、ムーラン、ポカホンタス、アナと雪の女王シリーズなど）の人形の世界的製造権をハズブロに与えると発表した。同時にディズニーはマテルとの二〇年弱にわたる契約を終了し、それまで圧倒的に男性を顧客ターゲットとしてきたハズブロと新たに事業を始めることになった。この戦略的な取り組みにより、ハズブロはいまある資産を活用しながら、会社を新たな方向に前進させようとしていたのである。

ゴールドナーは賢明で戦略的な思考を続け、BOX3のアイデアに継続的に焦点を当てることで、組織構造や運営プロセスにおけるイノベーションを主導した。「我が社のブランドの将来に特化した『未来はいま』というチームをつくったんです。この部署では、今年、このブランドをどうやって販売しようか、ということは考えません」。ハズブロは「三つの箱」を交流させ、共通の利益を生む方法はないかと考えた。そこで、ゴールドナーは「マティーニ会議」なるものを招集した。会議ではマティーニのグラスの形に沿ってブレーンストーミングが行われることから、この名前がついた。「最初は、グラスの端から始めます。できるだけ遠いところから。そして、新興テクノロジーや新発見などについて考えていきます。まさにBOX3の思考です。そこから考えの幅をもっとも将来有望なものへと狭めていきます。グラスの脚の部分に近づくにつれて、そのテクノロジーを現在の製品ラインにどのように応用できるかが見えてくるんです」

新たなビジネス構造は、「三つの箱」を同時に運営していく形、手法、習慣をつくっていくうえでどうしても不可欠だ。良くも悪くも、組織は中核的な成功体験を最大限に活用しようとする。そうすることは、もちろん理に適っているのだが、同時にそれまでの習慣的な手順に則った重点を、BOX1から地平線をさらに遠く広げるようなオアシスを生み出さなくてはいけない。そうしないと、「弱いシグナル」を迅速に察知できず、会社の未来につながる非線形のアイデアが枯渇することになる。定例会議や提出物があれば、そういうことを怠る癖がぶり返すことはなくなるだろう。

ここで重要なのは、ハズブロは「三つの箱」すべてに価値を見出し、それぞれの箱が互いに関連していることを理解し、それぞれの箱にきちんと注意を払えるよう、正式な手順をとったことである。

コラム

一九九〇年代半ばのハズブロが直面した「忘れることの難しさ」

表1－2で示した非線形の戦略変更に照らし合わせて、ハズブロが将来の成功を確実にするためには、何を忘れるべきか。以下、いくつかの仮説が考えられる。

- 我が社は、製造会社である。
- 我が社は、商品寿命が長いアナログゲームをつくり、割高な価格をつけ、高い利益率を実現する。
- 我が社の製品は、小売業の実店舗で販売する。
- 我が社の顧客は、一五歳以下の子どもである。
- 我が社は、人々がリアルに顔を合わせて遊ぶためのボードゲームをつくっている。

・我が社は、アメリカ企業である。
……などなど。

シンプルに
――「三つの箱の解決法」の基本原理

オリバー・ウェンデル・ホームズ（訳注：アメリカの法律家）の名言がある。「複雑さの手前の単純さはちっとも気にならないが、複雑さを超えた単純さは命ほど大切だ」。これが意味するところについては議論があるが、私の解釈では、あるアイデア、またはツールについて、ホームズは最終的にその有効性によって価値を判断していたということだろう。根性を見せるまで気に留めない、つまり信用しないということだ。本書で紹介する「三つの箱」のシンプルな考え方が、複雑なイノベーションの活用を手助けしてくれることを証明してみせるという意味で、私はこの言葉を引用した。複雑にもつれた部分が固ければ固いほど、ツールも役に立つというものだろう。

シンプルな「三つの箱の解決法」には、基本原理がいくつかある。

・将来のリーダーシップを確実なものにするために、線形（BOX1）、および非線形（BOX3）イノベーションの両方に取り組む。

・BOX1の成功があって、初めてBOX3で大胆に動くことができる。選択した過去を忘れる（BOX2）習慣を身につけないと、過去が未来の創造を阻むことになる。

・BOX1の既存のビジネスモデルを最大限に活用することと、BOX3の新規ビジネスの創出は**同時に**行う必要があるが、それぞれに求められる行動、スキル、手法、基準、マインドセット、指示手段は違う。

・「三つの箱」の運用は、プロジェクトというよりも継続する旅のようなものだ。散発的にバランスをとっているだけでは、ビジネスはうまくいかない。ガーデニングで定期的な水やりや草とりが必要なように、「三つの箱」もそれぞれ継続して手をかけなくてはいけない。

・未来を遠い先のことと考えない。未来は日々、自分で築いていくもの。未来は、いまなのだ。

続く五つの章では、コーヒー豆の焙煎《ばいせん》・抽出企業、世界的ネットワークを持つプロテスタント教会、大規模機器レンタル会社など、さまざまな企業の実例を紹介していく。どのケースも「三つの箱」の一つ、またはそれ以上をうまく使うことで独自の成功を成し遂げた。そのうち二例は「三つの箱」すべてをバランスよく活用して、並外れた成功を遂げた。また、ほとんどの組織が苦労したのが、「忘れる」という作業だった。どの組織もすべての解決法を見出したわけではないが、バランスを保とうとする作業は非常に謙虚な気持ちを伴うものだ。

このあとの三つの章では、「三つの箱」を一つずつ見ていくことにしよう。まず未来（BOX3）、次に過去（BOX2）、そして現在（BOX1）に戻る。「三つの箱の解決法」は、三つの輪を同時に投げる曲芸のようなものだ。いまここにある現在、忘れるべき過去、そして自らがつくり出す未来のために、リーダーが互いにどうコミュニケーションをとり、バランスをとっていくべきか。「三つの箱」のバランスをとるというテーマについては、第5章と、第6章で振り返ることにする。

各章の最後には、その章の大切なメッセージを組織のスタッフと共有できるよう、「重要ポイント」としてまとめておく。同じく各章の最後には「ツール」のセクションを設け、読者が独自の「三つの箱の解決法」を開発していけるよう、組織内のチームとするべき議論のポイント、アンケート、活動などを示した。

次の第2章では、未来（BOX3）の話から始める。なぜなら、未来は創造を意味するからだ。創造は、すべてに先んじるだけでない。未来を創造するという仕事にこそ、バランスが重要なのだ。まずは、濃いめのコーヒーを飲んでから始めよう。

重要ポイント

中核となるBOX1の事業に従事して、過酷な事業目標を目指しているスタッフの邪魔をしない。

BOX1は、BOX3のイノベーションを達成することはできないが、それはそれで構わない。BOX3は、BOX1なしに存在できないことを忘れてはならない。また、BOX3の目的のために捨て去らなくてはならないものでも、BOX1にとっては致命的に重要なものもある。

BOX2は、「三つの箱の解決法」に絶対必要な要素である。

ほとんどの組織は、新たなビジネスモデルを切り開こうとする際にBOX2を顧みない。古い考えや習慣が、いまつくり出そうとしている新たな未来を阻止するものであっても、組織が過去の呪縛から解き放たれるのは難しい。組織がBOX2に注力すればするほど、BOX3が目標を達成する可能性は高まるだろう。BOX3がNFLのクオーターバックであるとすれば、BOX2はオフェンスラインであり、どう防御するかを考えて実行し、必要とあらばその場しのぎの時間や柔軟性を与えてくれる。BOX2がきちんと機能しないと、BOX3のオフェンスは停滞し、先を読まれてしまう。

負けを防ぐBOX3の上質なヘッジ戦略が重要である。

実験や学習の最中に、そのプロセスのすべてがうまくいくとは限らないので、リスク回避のプロセスをつくっておく必要がある。何度も反復して時間をかけて仮説を試した結果、不確実性を解決して自信を得るか、再起動するか、撤退の決断をすることになる。一九七〇年代のハズブロの「ロンパールーム」ブランドの保育園という冒険的事業は、もっと試験を重ねてリスク回避策をとっていれば、成功していた可能性もある。

BOX3の目標達成と、「三つの箱」のバランス保持の両方に寄与する正式なプロセスを設定する。

BOX3の活動を持続させるには、そのための構造と責任が求められる。ハズブロのCEO、ブライアン・ゴールドナーは「マティーニ会議」を発足させ、「未来はいま」と名づけたチームにBOX3のアイデアを実現するよう邁進させた。さらにマティーニ会議には、「三つの箱」の交差部分を明らかにする効果もあった。これが、それぞれの箱の関連性を強化することになり、結果的にバランスの維持に貢献した。個人的な時間管理として、ゴールドナーは自らがそれぞれの箱に毎週どれだけの注意を払ったかを査定していた。

「三つの箱の解決法」は終わりのないサイクルと考える。

あなたは常に現在を維持し、過去を破壊し、未来を構築している。言い換えれば、BOX3で創出するビジネスモデル、製品、サービスは、いずれBOX1に移動することになる。

「三つの箱の解決法」はリーダーに謙虚になることを強いる。

なぜなら、これは継続的に学びながら行動を起こすという戦略だからだ。学習は謙虚な姿勢で行うもの。学ぶとは、自分がすべてを知らないことを認めることでもある。「三つの箱の解決法」の考え方は、耳を傾け、学ぶ機会を増やすことにつながる。私自身の経験上、もっとも効果を上げるリーダーは人の話をよく聞き、傲慢になることがなく、最高のアイデアを見つける際には相手の役職や地位など気にしない。本書を読み進んでもらえば、それがわかるだろう。

ツール

ツール1——事業を査定する

「三つの箱の解決法」を実践するには、事業がどのような方法で運営されているかを新たな視点で見ることが必要となる。では現在、どのような形で運営されているかを見ていこう。例えば……

・いまの事業から新たなビジネスのアイデアを生み、それに磨きをかけ、育て、実際のビジネスとして世に出すのは、どれくらい困難(あるいは簡単)だろうか?

・あなたの会社、事業部門、あるいは部署は、「弱いシグナル」に基づいて、近い将来、現在の事業に影響を与えそうな新たなトレンドを明らかにするため、現在も稼働中の手順を開発したことがあるだろうか?

・現在の事業計画の手順を評価してみよう。型破りな考えをする人の意見もちゃんと取り入れているか？　そのような人たちに権限を与えているか、あるいは逆に押さえつけているか？

・現在の資源配分を評価してみよう。ハイリスクのプロジェクトにも資金を充てているか？　ＢＯＸ１に豊かな人材を確保することに加え、将来のビジネスを支えるであろう人材もリクルートしているか？

・現在の成功を左右している要因や条件は何か？　その要因の中で、時間とともに変化して、いまの成功を危険にさらす可能性があるものはどれか？　また、起こり得る変化を和らげる、あるいはその影響を活用できるように、事前になんらかの備えをしておく正式な手順はあるか？

・現在、経営チームはＢＯＸ１と比較して、ＢＯＸ２とＢＯＸ３にどれだけの時間を注入しているか？

・経営チームがＢＯＸ２とＢＯＸ３により多くの時間を費やすことを阻んでいる障壁は何か？

ツール2——「弱いシグナル」を見つける

現状を診断したら、BOX3の考え方について話し合おう。経営チームは、業界の将来を変える可能性がある「弱いシグナル」を特定しよう。特に次の項目に留意してみよう。

・顧客の不連続性

現在、最大にして最速の成長を見せている、あるいはもっとも利益を生み出している顧客層は、一〇年、一五年後も変わらないだろうか？　将来の顧客はどのような人たちになるだろうか？　現在、あなたの会社の製品やサービスを、従来とは違うやり方で使ったり、特注している小規模、あるいは新しい顧客層はいないだろうか？　現在は顧客ではないが、将来的に顧客になる可能性があるのは、どういう人たちか？　彼らがもっとも優先することは何だろうか？

・テクノロジーの不連続性

どんな破壊的テクノロジーが、新たな機会を生むかもしれないマーケットを切り開くだろうか？

・従来とは違う競合相手

現在もっとも強力なライバルたちが、一〇年後、一五年後も変わらずライバルでいるだろうか？　将来の競争相手は誰になるだろうか？　また、その根拠は？

・新しい供給チャンネル

市場開拓の方法はこの先、根本的に変わるだろうか？　どんなサプライチェーンの経済性（あるいは不経済性）に、あなたの会社の事業は直面するだろうか？

・規制変化

どんな規制改革の可能性があるだろうか？　それが、会社にどのような機会をもたらすだろうか？

第2章

未来を創造する

非線形の未来をつくるBOX3のアイデアは、「弱いシグナル」と呼ばれる鋭い洞察力で見抜いたかすかな現象から生まれる。キューリグの場合は、新しいコーヒー文化が復興してきた時期のオフィスで漂っていた、とてつもなく不快なコーヒーの匂いがその現象だった。

ジョン・シルバンは、「これだ！」というインスピレーションを得て、コルビー大学時代のルームメイトのピーター・ドラゴンと、キューリグのコーヒー抽出技術を創案した。一九八〇年代半ば、まだスターバックスが全米規模の成功を収めていなかった頃、シルバンはボストン地区のハイテク企業に勤務していた。新入社員の彼はオフィスのコーヒーの管理を任されていたが、当時、ブームになりつつあったグルメコーヒーの波がオフィスには届いていないという根本的な問題があった。オフィスのコーヒーと言えば、大きなホイルの袋に入った細挽きの二流コーヒーをガラスかメタル製のコーヒーポットにドリップして、温熱機の上で焦げつきながら苦くなっていくというのが定番だった。最初の何杯かはなんとか飲めても、二〇分もすれば鮮度も落ち、ポットに三分の一以上も残っている不味《まず》そうなコーヒーを捨てて、新たに淹《い》れ直すことになる。

「もっといいやり方があるはずだ」と、シルバンは考えた。これが、BOX3に欠かせない独自の感受性だ。キューリグは、**もっといい方法があるはずだ**という視点から生まれたアイデアの好例と言えるだろう。

独創的なスタッフ、またそのような人たちのアイデアを育てていくのは、「三つの箱の解決法」

の重要なポイントだ。独創的な視点が引き起こす変化は、そこにある問題を理解することから始まる。ほとんどの人は、問題を指摘するところで終わってしまう。問題の存在に気づいても、頭を振ってそのまま進む。だが、「弱いシグナル」を察知しやすい独創的な人は、その問題を考え続け、過去の慣例に従わない画期的な解決方法や、その解決方法を活用した市場機会を思い描くことがある。

スターバックスやピーツ・コーヒー&ティーといったチェーン店があったからこそ、シルバンをはじめとする大勢のコーヒー愛飲者が、さらに豊かでこくのあるコーヒーを開発していった。そして彼らのコーヒーのおかげで、消費者の舌も徐々に肥えていった。それまでオフィスでは、「休憩室のコーヒーはこんなもんだろう」と、みんなが思っている程度のものを提供していた。「口をすすぐもの」とか「絵具洗い」とか「バッテリー酸」などと呼ばれるような代物だ。ほとんどのアメリカ人は一九五〇年代以降、コーヒーには効用さえあればいいと思い込まされてきた。味は二の次で、カフェインを摂取すればいいのだからと。

だが、スターバックスの出現で、人々がコーヒーに求めるものは大きく変わった。味わいや新鮮さが、これまでになく重視されるようになった。つまり味わいにこだわると、新鮮さも重要になるのだ。スターバックスのコーヒーは高容量のため、一杯ごとに抽出する。朝、スターバックスに立ち寄って深煎りの「トールサイズ」のコーヒーを買った客は、出勤後のオフィスでは、いつ抽出されたかわからない焦げ臭いコーヒーポットのコーヒーを飲まなくてはいけなかった。

シルバンは、焦げついたポットに残ったコーヒーを捨てて、新たに淹れ直しながら、どうすればオフィスのコーヒーを一杯ずつ新鮮に淹れることができるだろうと考えた。手軽なティーバッグのようなものが、なぜ高級コーヒーにはないのだろうか。この答えを求める中で、シルバンはドラゴンに連絡をとり、一九九二年に一緒にキューリグを設立することになった。

シルバンとドラゴンが、コーヒーマシンと「ポーションパック（訳注：一回使いきりパック）」の特許申請をして、最初のベンチャー資金集めを始めてから一年後、ディック・スウィーニーが仲間に加わった。一〇歳ほど年上だった彼は、製造と製品開発の経験を買われたのだ。

キューリグの経営チームが察知した「弱いシグナル」は、味にこだわったコーヒーショップの出現だけではなかった。むしろ、スターバックスなどのコーヒー専門店がコーヒー消費の環境をどう変えたかという点だった。それも自宅、オフィス、レストラン、飛行機、自動車販売店の顧客ラウンジなど、**あらゆる場所で**。人はどこであろうが、その日、最高のコーヒーを口にしたら、ほかの場所でも同等のものを求めることになるのだから。

キューリグの創業者チームは、その場で一杯分だけ抽出する新鮮なコーヒーというアイデアに自信を深めていった。スウィーニーはこう言っている。「新鮮な一杯のコーヒーを確実に淹れる方法は、飲む分だけ、つまり一杯ずつ抽出すればいいんです」

彼らは、コーヒーの抽出装置とポーションパックの作業用プロトタイプを開発した。後に、これが「K-Cup」として知られるようになる。だが、このときの彼らには、コーヒー豆の焙煎と抽出についての理解が足りなかった。一杯の完璧なコーヒーには、ゴルフのスイングと同様に変数となり得る要素があまりにもたくさんある。豆と焙煎のクオリティー、豆の粉砕機の適合性、ポーションパックのコーヒーの量、水の温度や純度、コーヒーの粉やフィルターを通過する時間など。このうち何か一つにでも不備、不調があれば、コーヒーは台無しになってしまう。

キューリグのチームは、自分たちに欠けているものがわかっていた。これから飛び立とうとしている組織の将来図を描けるほどの、経験値がなかったのだ。一九九五年後半、彼らはバーモント州ウォーターベリーに本社を置くグリーンマウンテン・コーヒー・ロースターズ（GMCR）を訪れた。キューリグの本拠地であるボストンからは、景色を楽しみながらドライブして行ける距離だった。高品質のコーヒー焙煎で有名なこの会社を訪問したときのことを、スウィーニーはこう語っている。「彼らに頼んだんです。『コーヒーのレッスンと……、一〇〇万ドルを出資してもらえませんか？』って」

結果的に、キューリグはどちらも手に入れた。もちろん、最初はコーヒーの勉強だ。グリーンマウンテンは、コーヒーの調達、焙煎、上質なコーヒーをつくる際に必要な可変的要素など、キューリグにすべてを教えてくれた。二〇〇三年の終わりに、キューリグの最高技術責任者（CT

O）に任命されたケビン・サリバンは、当時の苦労を物語るGMCRのコーヒー専門家の言葉を引用してくれた。

「私は年に二回、スマトラに行き、最高のコーヒー豆を選んで、炭になる寸前のぎりぎりまで焙煎して、完璧な粉に挽《ひ》く。これが最高の一杯となる。ところが消費者がそれを一杯、いや、二杯、三杯とすくって……そこに、今度はどれだけのお湯を注ぐか。私が全力を尽くしてきたものが、ここで台無しにされる。消費者は、どれだけの量のコーヒーに、どれだけのお湯を注げばいいか、わかっていない。そう、わかっていないんだ！」

キューリグは、グリーンマウンテン、またそれ以外のコーヒー焙煎企業に対しても、一杯分のコーヒーの量や抽出について、人為的なミスを排除することを約束した。彼らの革新的な新型抽出機なら完璧に近い一杯が淹れられる。しかもその抽出機は、これまでにないスピードで簡単に便利にコーヒーを淹れてくれるのだ。

グリーンマウンテンは、一九九六年に初めてキューリグに投資をし、その後、出資金を増やし、二〇〇六年にはキューリグを一〇〇パーセント買収した。その間もキューリグの専門チームは、BOX3の実験的作業を続けていた。GMCRの収益は、二〇〇六年から二〇一四年の季節調整済年率換算で六五パーセント上昇し、二〇一四年には四七億ドルとなった。その頃には、全米で販売されたコーヒーマシンの約二五パーセントをキューリグが占めていた。キューリグのコーヒーマシンは四五〇〇万台以上、「K-Cup」は三〇〇億パック以上売れた。二〇一四年、GMCRはキューリグ・グリーンマウンテンと改名し（訳注：二〇一八年にドクターペッパー・スナップルとの合併により、キューリグ・ドクターペッパーに社名変更）、株式時価総額は二六〇億ドルとなった。

グリーンマウンテン・コーヒー・ロースターズ BOX3の飛躍

キューリグに出資する以前のGMCRは、BOX1のパフォーマンス・エンジンであるコーヒー豆の焙煎・販売業を順調に運営していた。それがいまではキューリグとともに、BOX3のアイデアが完全なビジネスとして立ち上がったのだ。キューリグが初めて訪ねてきた時点では、彼らの新しい抽出技術がコーヒー豆の焙煎事業にどう関わることになるのか見えていなかったのだから、GMCR側は面会を断ることもできた。GMCRの幹部は、「お断りします。我が社はコーヒーの会社であって、ハードウェアの会社ではない。コーヒーマシンなんてつくっていませんからね」と言ってもよかったのだ。だが、彼らには、小型のヨーグルト容器のような形をしたプラスチックのカップに、将来への光が垣間見えたのだろう。

ＧＭＣＲがキューリグに最初の出資をして買収するまでの一〇年間、両社は互いに切磋琢磨した。ＧＭＣＲは、質の高い焙煎と、安定した着実な抽出がいかに大切か、キューリグに理解させた。一方、特定の焙煎業者とだけ関わることに慎重だったキューリグは、できる限り多くの焙煎／コーヒーブランドのトップ企業と取引を進めながら、彼ら独自のビジネスモデルの持つ可能性をＧＭＣＲに認識させ、評価させた。**焙煎業者についての中立性**こそが、急拡大する消費者の好みや忠誠心を満足させる道だった。また、キューリグのビジネスモデルの価値を開花させる鍵でもあった。

だが、そこに到達するのはたやすいことではなかった。非線形のイノベーションには、多くの困難や失敗がつきものだ。例えば一九九三年の終わり、創業者チームは初期のコーヒーマシンのプロトタイプを、出資の可能性がありそうなメモリアル・ドライブ・トラストというベンチャーキャピタルとの会議の場で披露した。ところが、マシンはコーヒーを抽出できず、お湯が漏れて、会議室のテーブルを濡らしてしまった。その会社はキューリグのコンセプトを気に入って、その後、主要なベンチャーパートナーとなるのだが、さすがにその日は「まだ舞台に上がれる状態じやないな」と判断し、出資を見送ったそうだ。[1]

それでも、創業者たちはめげずにがんばった。マシンの性能を上げ、新たな特許を申請し、ダンキンドーナツに最初の提携関係を提案した（ダンキンドーナツは、従業員一人で運営する小型店舗で、キューリグのマシンを試験運用することに興味を示した）。このように強力に開発を進めたことで、キューリグはメモリアル・ドライブ・トラストの興味を再燃させ、まもなく最初のベンチャー資金を獲得したのである。

BOX3の特徴的な原則と行動様式

キューリグは、どこから見てもイノベーションそのものだった。未開拓の顧客ニーズを満たす新製品を、新たな方法でつくり出したからだ。そこには核となる五つの規格があった。

- **毎回、一杯の完璧なコーヒーが淹れられる**

淹れたての新鮮なコーヒーを台無しにする抽出後の時間経過などの不確定要素を排除した。

・プレミアムコーヒーを体験する

毎回、完璧なコーヒーを提供することは、キューリグのプレミアム商品をプレミアム価格で提供するということ。マシンを取りつけることで、キューリグは高マージンの「K-Cup」の販売を確保できる。これは、将来にわたって収益が出る投資となる。まさに「カミソリと刃」方式だ。[2]

・たくさんの種類の中から好きなコーヒーを選べる

消費者の好みが広がる中で、さまざまな焙煎や風味のコーヒーを幅広く取り揃える。これは、複数のコーヒー焙煎業者との取引を意味する。ここでも、特定の焙煎業者と独占的に取引するのではなく、「焙煎業者についての中立性」を貫いている。

・驚くほどの使いやすさ

複雑な内部構造を隠したマシン&ポーションパックをデザインして、コーヒーを淹れる作業をシンプルで楽しいものにする。この目標の達成には、高レベルの専門技術を要する。

・資本集約的な業務は外部調達

極めて重要な技術、またマシンや「K-Cup」をはじめ、商品のパッケージ・デザインなどは自社で開発・所有するが、マシンや「K-Cup」の製造、および製品の流通といった資本集約的な部分は外部に委託する。外部委託がうまくいくように、キューリグとしては両者にとってウィン−ウィンとなるような提携、相手が経済的にも喜ぶような提案を考えなくてはならなかった。

あなたが将来に向けて日々、取り組んでいる事業は、はかなく崩れ去る冒険的事業かもしれない。いま進めている事業が、思いがけないリスクや脅威にさらされる場面は何度もやってくるだろう。それは予想の範囲内だ。BOX3の冒険的事業は不確定要素に満ちており、実験によって力をつけるしかない。「リスク」は学習機会として受け止め、「変化」は新

表2-1　現在の運営と未来の創出

目的	BOX1　業績管理	BOX3　機会創出
インプット	影響のありそうな線形変化に関する明確で客観的なデータ： ・現在の顧客 ・現在のライバル ・既知のテクノロジー	影響のありそうな非線形変化に関する「弱いシグナル」： ・消費者でない人たち ・従来とは違うライバル ・新たな、あるいは開発中のテクノロジー
戦略的重点	以下のことに貢献する線形イノベーション： ・利益を上げる ・現在のコンピテンシーを強化する ・リスクを減らす ・曖昧性、逸脱を排除する ・変化を減らす ・効率性	以下を必要とする非線形イノベーション： ・仮説を試す ・新たなコンピテンシーを鍛える ・リスクをとる ・実験、学習、適合 ・変化を拡大させる ・柔軟性

たな方向性や思いがけない利益の可能性を示してくれる機会と解釈しよう。

それに比べ、BOX1の事業は安定しており、よく理解している環境で、馴染んだ方法で運営され、その成果も正確に評価できる。BOX1においては「リスク」はコントロールすべきもの、「変化」はトラブルの予兆と見るべきだ。BOX3の進捗状況は、BOX1とは違う基準で判断しなくてはいけない（表2－1を参照）。

アシュラント・ソリューションズのCEO、クレイグ・レマスターズは、BOX1とBOX3の違いを明確にして、いつBOX1からBOX3の思考方法に移行すべきかを示すため、会社のビルの入り口に看板を掲げたという。「我が社は、アシュラント・ソリューションズ・デジタルという新たなBOX3構想を始めました。アシュラント・ソリューションズ・デジタルのビルの入り口に『BOX THREE』と印して、BOX3のチームは、現在、業績を牽引し

出典：Assurant Solutions. 無断使用を固く禁じる。

ているBOX1の事業部とは違う行動をとり、習慣も変えるべきだと示しているんです」(写真参照)。

BOX3では、不完全な情報をもとに、時には予測やリスクをきちんと認識できないうちに、重要な決断を下さなくてはならない局面に定期的に出くわすだろう。キューリグも、まさにこのような環境で常に新たな情報や状況に適応しながら運営されていた(ディック・スウィーニーは当時を振り返り、「もしかしたら、ハーバードブリッジのたもとで段ボールハウス生活をすることになるかも……と思ったことが何度もありましたよ」と冗談を言った)。

キューリグの成功の理由は何だったのか? すばらしいアイデアは始まりに過ぎなかった。抜群の実行力も、必要不可欠な要素ではあった。どんなにシンプルな枠組みであっても、現実世界で上手に応用するのは難しい。だからこそ、BOX3の戦略は高いレベルで実行する必要がある。キューリグのリーダーたちは、自分たちの戦略を強い意志で工夫しながら、自制心を持って、あらゆる角度から実行した。それと同じくらい重要だったのは、彼らがいくつかの一般原則を頼りとしていたことだ。イノベーションを成功させた人たちが、BOX3の特質とも言えるこの原則を、繰り返し使ってきたのを私は目撃している。

- 大きな賭けに出る前に、いくつか小さな賭けをしてみる。

・勇気と適応性のある指導力を見せる。
・BOX3に必要な新たな能力とプロセスをつくる。
・重要な仮説を検証する。
・BOX3のカルチャーを築く。

こうした要因がどう絡み合ってBOX3の大躍進が可能となったのか、もう少し詳しく見ていこう。

まず、小さく賭けてみる

BOX3のアイデアのリスクを減らすため、大きな賭けに出る前に、いくつか小さな賭けをしてみるというのが「三つの箱の解決法」の基本である。

キューリグは、当初から望ましい市場を二つ見出していた。業務用/オフィス用（自宅外）市場と、消費者/家庭用（自宅）市場だ。オフィス用に比べ、家庭用市場は西海岸からエリー湖まで広範囲だった。キューリグは、どちらか一方を……という考えではなかった。どちらの市場にも参入したかったのだが、それぞれ違う段階で参入する道を選んだ。おかげで、彼らはオフィス用市場（一九九八年）で学んだことを、その後、家庭用市場に参入する際（二〇〇四年）にうまく使うことができた。

ブランドと供給網を立ち上げる

両方の市場に一度に参入していたら、会社の資源は限界に近いところまで負担を背負うことになっただろう。しかも、オフィス用市場でキューリグのブランドを認知させ、評判を上げてからファンを勝ち取る機会も得られなかったのではないだろうか。彼らは最初にオフィス用市場に専念したことで、顧客がオフィスにあるキューリグのコーヒーシステムの何を気に入って、何が気に入らないかという数年分のフィードバック・データを得たのである。その価値あるフィードバックは、家庭用市場に応用できた。年月をかけて集めた顧客のフィードバックに基づいて行動することが、キューリグにとってはカフェインと同様の効果があったのだ。

抽出技術を完成させる

オフィス用という小規模なニッチ市場に専念したことのもう一つの利点は、家庭用市場で成功を収める前に、困難な技術的問題に取り組むことができた点だ。まず彼らの最重要課題は、価格性能比の差を埋めることだった。キューリグのオフィス用コーヒーマシンは、一台一〇〇〇ドルと非常に高額だった。高品質で手ごろな値段の家庭用マシンをつくるには、技術的な躍進と製造工程の効率化が必要だった。彼らの二段階に分けたマーケティング戦略のおかげで、高価なオフィス用モデルを、消費者が払ってもいいと思える値段で美味しいコーヒーを確実に淹れてくれるキッチン家電に生まれ変わらせる時間ができた。

実は、これが大変な作業だった。そもそも、オフィス用マシンを確実に機能するレベルにするだけでも大変なことだったのだ。スウィーニーによれば、キューリグは実証実験として、ボストン地域の二五の企業にコーヒーマシンを配布し、フィードバックをしてもらうことにした。これはまるで、よその町でブロードウェイの舞台の初日を開演するようなもので、次々と噴出する問題を解決する機会になったという。

問題は確かにあった。マシンがよく壊れるので、そのたびに修理するかマシンごと取り換えることになった。交換用のマシンを現地になるべくたくさん用意することになったが、「それでも」とスウィーニーは言う。『『このガラクタを早く持って帰ってくれ』と電話口で怒鳴る人はいなかったんですよ。逆に、『これ、気に入ってるんで、早く直してください』と言われて、これはもっとお金をつぎ込まなきゃと思えたんです。自分たちは正しい道を歩んでいるという直感が、この低コストの実験で証明されたんですよ」。このように低コストで学べるのが、小さな賭けの利点だろう。

システムの経済性を確認する

この学習期間には、オフィス市場は高額なコーヒーマシンを受け入れるだけの経済力があるかを見極めるという側面もあった。キューリグがオフィス市場で高級コーヒーマシンの地位を確立できたら、家庭用市場にもよい影響を与えるはずだ。

キューリグのオフィス用コーヒーマシンが高価格であることに加えて、「K-Cup」も一個につき約五〇セントと、従来のコーヒーメーカーでつくる一杯のコーヒーの五倍の値段に相当した。多くのオフィスは、従業員のリフレッシュメントとして無料でコーヒーを提供していたが、キューリグの販売チームは当初から、オフィスの管理職から前向きな感触を得ていた。キューリグのシステムを絶賛する人も多かった。その理由として、キューリグのマシンが便利でゴミが出ないこと、その結果、わずかながらもスタッフの生産性強化につながっていることが挙げられた。かつてのジョン・シルバンのように、職位の低いスタッフが定期的にコーヒーを淹れる必要がなくなったのだ。オフィスの管理職が気に入ったのは、それだけではない。ある重役は、新しいコーヒーマシンが設置されたときの管理職たちの喜びをこんな風に語ってくれた。「管理職にとって、スタッフ全員を喜ばせるのは至難の業なんです。『コピー機が壊れました』、『ペーパークリップがなくなりました』、『コンピュータ・ネットワークがダウンしています』なんてね。だから、このコーヒーマシンで管理職はヒーローになれたんですよ」[3]。一杯五〇セントは少々高いかもしれないが、それでも従業員は現にハッピーになった。一夜にして、不味いコーヒーへの不満が消えたのだ。

さらにコーヒーの販売業者も注目せざるを得ないメリットがあった。従来のコーヒーマシンだと、一杯につき二セントだった利益が、キューリグのシステムだと一杯につき一〇セントとなる。おかげで、彼らはキューリグのシステムを導入していない顧客にも、喜んで売り込みをしてくれたのだ。

「K-Cup」製造技術の開発

キューリグは最初にオフィス市場だけを対象とすることで、専用カプセル「K-Cup」の製造に必要な自動パッケージング装置の設計や組み立ての時間を確保できた。オフィス用コーヒーマシンの試験中、スウィーニーは研究室でキューリグのスタッフに交じって、試験のスピードに間に合うように必死で「K-Cup」を手作業で組み立てたことがあったが、どう考えても手動で延々とやるのは無理だった。

一九九八年にシステムが完成すると、キューリグはオフィスにコーヒーサービスを提供する会社から、コーヒーマシン一万五〇〇〇台を受注した。彼らは一台のマシンにつき一日四〇杯の需要があると見当をつけ、トータルで一日六〇万個の「K-Cup」を組み立てて供給すればいいと予測した。このパッケージング製品ラインに乗って、キューリグの未来も当面は右肩上がりとなる。それまでにキューリグは「K-Cup」に詰めるコーヒーを何種類も取り揃えるために、GMCRを含む数社のコーヒー豆焙煎企業と初めての提携関係を結んでいた。「K-Cup」のパッケージング生産ラインは各焙煎企業に設置することになっていたので、予定どおりにパッケージング装置が準備できなければ、一万五〇〇〇台のコーヒーマシンがあっても、実際にコーヒーを淹れられない。

ところが、パッケージング生産ラインの製造業者がキューリグに対して、(当初の入札金額をかなり上回る)割増料金を払わないと、GMCR向けに予定されていた最初の生産ラインを納品しないと言い出した。当時のキューリグのCEO、ニック・ラザリスは弱みにつけ込まれた形だった。キューリグが顧客に供給する予定のパッケージング生産ラインを人質にとって、もっとお金を搾《しぼ》り取ろうというのだ。生産ラインの納品が遅れると、キューリグの新たな顧客や提携企業との関係が損なわれる。製造業者にすぐに納品してもらえるよう交渉するしか解決策はないと、ラザリスは考えた。キューリグに出資している主要ベンチャー投資家は激怒して、訴訟も辞さない構えだったが、ラザリスは、「こちらの方針を主張していると、時間がかかりすぎて、まだ手にしていない未来の成功を達成できなくなる。そもそもGMCR向けの生産ラインの納期はすでに過ぎている」と主張した。最終的にキューリグは怒りを押し殺して相手側の条件をのんだが、その後、ラザリスとスウィーニーはパッケージング生産ラインを供給してくれる別の業者を探した。

オフィス用の製品ラインを成功裏にスタートさせたキューリグは、二〇〇二年には二二〇〇万ドルの収益を上げた。彼らは二〇〇〇年に黒字化して以降、「一杯ごとの専用カプセル」でオフィス用コーヒー市場を先導する企業となった。幸先よいスタートではあったが、これはまだほんの始まりに過ぎなかった。ここまでは、彼らが巨大な消費者市場で大きな賭けに出るまでの道を開く、小さな賭けだったのだ。

二〇〇三年五月にGMCRが出資者に宛ててキューリグへの投資報告を行った手紙に、GMCRのCEO、ボブ・スティラーはこう書いている。「キューリグと、彼らが提携している焙煎業者は、『家庭用市場』をうまく開拓し、その結果、グリーンマウンテンが出資したキューリグの価値は、今後三年から五年の間に上がっていくでしょう」[4]

適応力のあるリーダーシップの実践

パッケージング生産ラインの製造業者と交渉をするというラザリスの決断は、**その時点でのキ**ューリグの喫緊の優先事項を考慮した勇気ある経営判断であり、状況を認識したうえでの融通性を示した好例だと言える。

強い指導力とは、その状況の中で何がもっとも重要であるかを正確に把握し、そこに事業を集中させることに尽きる。当時のキューリグにとって、新しい顧客に供給する「K-Cup」のパッケージング技術ほど重要なものはなかったのだ。それが手に入らなければ、ビジネス自体が失敗する。もっと違う環境下であれば、例えば、これがBOX1の事業であったなら、無茶を言う供給業者をなだめるよりも、拘束力のある契約内容を強く主張することのほうが重要だっただろう。だが、BOX3は本質的に、重大な理由があって冒すリスクには寛容なのだ。

キューリグは、広い意味で強い決意を持ったチームに率いられていた。二〇〇二年に消費者市場開拓のためにキューリグに入社したジョン・ホリスキーは、しなやかな力があり、ある意味でまとまりのないキューリグの企業文化をこう説明している。「我が社の成功の大部分は、『絶対失敗しない、必ず成功する、意志の力で成功の道を切り開いていく』という気持ちのおかげだと思います」。次に紹介するのは、勇気と適応力のある指導力が成功に導いた実例である。

市場の収益構造を育む

キューリグにとって、パッケージング生産ライン供給会社との面倒な経験は、自らの運命は自らの手に握っておくべきだという教訓となった。スウィーニーは、この経験を短期的（別のパッケージング生産ライン供給業者を見つけた）、および長期的な（家庭用市場を見据えて、コスト効率のよいアジアの複数のコーヒーマシン製造業者と製造契約を結ぶべく、新たな関係を構築した）視点で生かすことにした。

家庭用市場に参入すると、キューリグのコーヒーマシンとカプセルの生産数は、二〇〇八年にそれぞれ八〇万台と六億個だったのが、二〇一二年には八〇〇万台と六〇億個になった。「急激な成長でした」とスウィーニーは言う。「製造請負業者のネットワークができていなかったら、こんな急速に事業拡大はできなかったでしょう」。未来の成功をつくり出すには、現在、キューリグが効率よく競合している市場の構造だけでなく、将来的に拡大していく可能性のある市場構造も思い描く必要があった。

だからこそキューリグにとっては、すべての提携企業と強力なインセンティブ・ベースの関係を築くことが重要だった。コーヒー豆の焙煎業者から製造請負業者まで、提携しているすべての者が長期的な関係を築くことで、最終的に全員の利益になるのだと強調することがいかに大切であるか、キューリグは身を以て学んでいた。二〇一〇年初め、スウィーニーはキューリグの製造パートナーである企業を集めた年次サミットを開催した。最初のうち、参加者は会場に大勢のライバル業者がいることに神経質になっていた。価格というセンシティブな議題が上がったときは特にそうだったが、それも克服できた。「会議で、こんな風に話したんです。『さあ、ライバルの皆さん、外の世界に目を向けてください。ここ、キューリグの世界では、皆さんは家族の一員です。だからお互い親戚だと思って、知り合いましょう。私たちは互いに必要な存在なんです』。これが、うまくいったんですよ」

プレミアムなポジションにあることを確認する

キューリグがオフィス用コーヒーというニッチな市場から、巨大な消費者市場へと移行した際、自らの高級ブランドを引き下げるか、もし引き下げるなら、どの程度下げるのかという問題に直面した。ニッチ市場と巨大市場の間を事業が移行する場合、この問いに答える必要がある。トヨタ自動車は、それまでの大衆向けという企業イメージを一新するため、「レクサス」という新たなブランドを立ち上げ、巨大市場からニッチな高級市場へと逆方向の動きをした。

だがキューリグの場合、オフィス市場での経験は負債というより資産だった。家庭用コーヒー市場に参入するずっと以前から、オフィスでキューリグのコーヒーを愛飲していた人たちから、「家庭用コーヒーマシンは販売していないのか?」とよく聞かれていたので、これまでのプレミアムなブランド路線でいくのが妥当と思われた。だが、強敵となりそうなライバル社の動きが、彼らの決断を複雑なものにした。スイスの大企業ネスレは、一杯ずつ淹れるエスプレッソ・メーカー「ネスプレッソ」を一九八六年にヨーロッパで発売し、五年後にその家庭用バージョンをアメリカ市場に投入してきた。[5]「ネスプレッソ」は、ネスレが製造したカプセルでエスプレッソを抽出するマシンだったが、ほとんどのアメリカ人はエスプレッソに馴染みがなかった。アメリカ人は、大きなマグカップでジャワコーヒーをすするのが好きなのだ。[6] アメリカ企業では、P&G（プロクター&ギャンブル）が、（P&Gのコーヒーブランド「フォルジャーズ」を主に抽出していた）ブラック・アンド・デッカーが製造した「ミスターコーヒー・ホームカフェ」を発売した。サラ・リーはフィリップス（「ダウエグバーツ」というブランドのコーヒーを抽出）が製造する「センセオ」を発売した。この二社は低価格路線をとり、マシンはキューリグの三分の一の値段で、カプセルは半額以下で売り出した。

キューリグではライバル社の戦略が耳に入るたびに、高級なポジションに固執する戦略で本当にいいのだろうかと緊張感が走った。だが、これはキューリグという企業の中核戦略であり、彼らのアイデンティティであり、今日までの成功の要因だったので、経営陣は「高級なコーヒー経験を提供する」戦略でいこうと腹をくくった。ライバル社には真似のできない、複数の焙煎業者によるコーヒー豆のセレクションを取り揃えるという強みもあったが、これも実際に試してみないとわからない仮説だった（極めて重要な仮説を試すことの重要性については、次のセクションを参照）。

やらないことと、ならないものを決める

キューリグは当初、自社ブランドのコーヒーを製造しようと考えていた。この計画の廃案は、当時のキューリグ経営陣が下したもっとも賢明な判断だったかもしれない。このアイデアを中止していなければ、彼らは現在、提携している焙煎業者とライバル関係となり、ビジネスモデルの可能性も狭まっていただろう。

BOX3のリーダーの課題は、中核となるアイデアやアイデンティティが適切であるかどうかを継続的に査定することである。例えばキューリグは、最終的に自らをコーヒーメーカーの専業企業であると見なすことをやめ、紅茶やそれ以外のホットドリンク類（シードル、ココア、スープなど）も提供するようになった。さらに新たなBOX3の新規事業計画として、二〇一五年後半にはキューリグ・コールドという、コールドドリンクのシステムも発表している。この事業のために、キューリグはコカ・コーラとドクターペッパー・スナップル・グループとの取引を解消した。

ダメになった投資事業を切り捨てる勇気

すでに投資した事業が悪い案件であった場合でも、理不尽にこだわることは簡単だ。逆に、経営陣がその投資が無駄であったと認めるのは勇気が要ることだ。

キューリグも、家庭用市場に参入する直前にこのような状況に直面した。経営陣は、外部に開発を委託していた消費者市場向けコーヒーマシンが、コストと性能の面で深刻な状況に陥っていることに気がついたのだ。

「B100」と呼ばれるコーヒーマシンのデザインには、根本的な欠陥があったうえに（水を沸騰させるまで三〇分もかかるというのも、欠陥の一つだった）、消費者が払ってもいいと思う値段の二倍のコストがかかっていた。このマシンでは家庭用市場に参入できないというのが、経営陣の意見だった。

二〇〇二年終わりに、彼らは大胆な決断をした。発売前の「B100」に代わって、「B50」と名づけた家庭用コーヒーマシンを新たに開発することにしたのだ。この勇気ある決断は、家庭用市場参入の成功の鍵となった。

BOX3の新たな能力とプロセスを築く

二〇〇三年、キューリグの技術部門のスタッフは一〇人しかいなかった。当時、功利的な策として外部委託を取り入れる会社は珍しくなかった。だが、キューリグの事業がBOX3の根っこの部分を広げて躍進を続ける原動力となるには、典型的な「キッチン用品の会社」が持つ能力とは違うスキルがいくつも必要だった。

ハイテク技術を取り入れる

GEのジェットエンジンや航空機部門での勤務経験があるケビン・サリバンは、キューリグでは従来型の家電製造ではなく、先進技術を用いた技術改革を担当することになった。彼は、こう話している。「コーヒーマシンの内部構造を見たら、いままでのキッチン家電とは明らかにまったく違うものでした。この部署に必要なのは、ミキサーやトースターなどのシンプルなキッチン家電を扱う技術者ではなく、このマシンの内部構造の問題を解決できるハイテク技術者でした」。キューリグが人材と任務について考え方を転換したことが、いまだに利益をもたらしている。

サリバンはこう語っている。「我が社のソフトウェア技術者は、ミサイルのプログラムをつくるレイセオン（訳注：二〇二〇年四月にユナイテッド・テクノロジーと合併し、レイセオン・テクノロジーズに社名変更）などの出身ですし、コーヒーマシンの水を入れるタンクを開発したハードウェア技術者は、前職では加熱装置や生産制御の設計をしていた人たちです」

二〇一四年になると、サリバンの部署では四〇〇人以上のスタッフが働いていた。

思考するシステムを育てる

二〇〇三年と二〇一四年の技術部門の違いは、数の問題だけではなかった。サリバンはGEでの経験から、システムを基本にした技術アプローチが大切だとわかっていた。システム・エンジニアリングとは、自分が設計した部分だけでなく、それがほかの部分とどのように組み合わされ、製品としての全体的な目的に寄与しているかを理解することだからだ。

サリバンはキューリグの能力を引き上げるため、「深くて広い」人材を探した。自分の設計分野について専門的な深い知見があるのはもちろん、自分のノウハウがある専門分野に関係するほかの部分の設計についても幅広い知識を持っている人だ。つまり、森全体を理解したうえで、一本、一本の木をデザインできる人。「それが成功の要因」とサリバンは語る。

サリバンも若い頃、GEの機械技師として深く幅広い知識を得たと語る。「最初は航空機のエンジン、その後、武器システムに関わり、冷蔵庫や衛星に携わったこともありますが、どの部門でもGE独特の流儀で電子工学、またソフトウェアについて学びました。それ以外にも、技術部門でGEの業務部長を目指すうえでまったく必要のない、さまざまなことを学ばなくてはいけませんでした。私が採用したスタッフもみんな、そういう人たちです」

この考え方こそ重要だ。多才であることが、BOX3の価値観を実現に導く。大きな視野で物事を見ることができるクリエイティブな人材は、自分の狭い世界だけを見ている人よりもインスピレーションの源泉となるものをたくさん持っている。サリバンは、技術者たちが広い分野に関わることができるようにと、関連領域を理解するだけでなく、その分野の訓練も積極的に受けるよう奨励した。例えば、コーヒーのブレンドの専門家は、コーヒーの抽出技術とその作業にも精通するように。

深さと幅広さを備えたチームを意図してつくることが、どれだけの利益を生み出すか、計り知れない。ともかく莫大な利益が生まれることは確かだ。反対に、視野の狭いチームから驚くような結果が生まれないことは容易に想像がつくだろう。ただし、それが常に悪いこととは限らない。第4章でもお話しするが、「変化」があることが好ましくないBOX1では、慣れ親しんだ狭い世界で、統制をとって、しっかりと遂行していくことが利益になるからだ。BOX1では、他人に干渉せず、自分のことに専念することで価値が生まれるが、BOX3ではそのパターンを手放す必要がある。

サリバンのもう一つの人材発掘戦略は、どんなことでも新しいやり方に興味を持ち、そういうものを見つけ出したいと思う人材を集めることだった。そういう人材に、ほかのスタッフの作業を観察させると、彼らのもっと知りたいという欲求や好奇心に火がつくはずだ。気がつけば、難問解決が大好きな人材が集まっていることだろう。

映画『アポロ13』で、不具合が生じた司令船内の空気を浄化する方法をヒューストンのエンジニア・チームが咄嗟《とっさ》に考え出そうとするシーンがある。チームは、創造力のエネルギーに満ち溢れていた。とてつもないプレッシャーを感じながらも、いきいきとして、必ず解決方法を見つけてやるという自信に溢れているように見えた。サリバンは、新たな能力に活躍の場を与えることで、これと同じような自信に満ちた空気をキューリグにつくろうとしていた。

経営チームは、外部のコーヒーマシン製造業者が委託業務を実現できなかったことを、次のように活用した。（1）コア技術をすべて自社が保有することの重要性を学習した。（2）キューリグの社内技術者たちの能力を強化して結集する機会とした。この姿勢は、短期的に家庭用コーヒーマシン市場への参入を圧倒的に有利なものにした。また長期的に見ても、幅広く、多才で活力のある技術力をキューリグにもたらした。

「三つの箱の解決法」では、複数の時間枠の中で同時に考え、行動する能力が求められる。スウィーニーが現在と将来の製造面のニーズを思い描いたように、サリバンも刷新された技術者グループが目先の利益だけでなく、将来的な利益ももたらすと認識していたことも、バランスのとれた多元的な決断の好例となった。

パッケージング技術を管理する

キューリグはパッケージング生産ラインを設計し、時間をかけて修正を重ね、その性能や生産量を改善していた。パッケージング技術の所有権を保持することには、メリットがいくつもあった。まず、生産ラインはそれぞれのコーヒー豆焙煎業者の施設内に設置されるのだが、パッケージング技術によって真空にした「K-Cup」の容器に挽きたてのコーヒーを詰めることで長く新鮮な状態を保つことができた。さらに何年もかけてパッケージング生産ラインを改良したことで、「K-Cup」の生産数も一分間に一〇〇個だったのが一二〇〇個にまで増えた。この極めて重要なテクノロジーをキューリグが所有していなければ、ここまでの増産は実現していなかったのではないだろうか。

パッケージング生産ラインの運用に関するもう一つのメリットは、キューリグが初期段階で**やらない**と決断したことにあった。各焙煎業者にコーヒーを運び込ませ、キューリグの施設内で「K-Cup」にパッケージングをして、そこから直接、小売店に供給する方法をとることもできたのだが、キューリグは焙煎業者について中立的立場をとるというビジネスモデルを組み立てていたので、提携する焙煎業者にそれぞれパッケージングをしてもらい、それぞれのブランドの「K-Cup」を供給してもらう方式を採用することで、彼らのビジネスモデルを最大限に生かそうとした。このおかげで、全米に「K-Cup」を配送するという時間とコストがかかるだけの作業も不要となった。

その結果、キューリグのユーザーは、多種多様なメニューの中から好きなコーヒーを選択できることになった。さらに焙煎業者に関して中立であったことで、サプライチェーンを効率的に責任持って運用できた。もちろん、キューリグ側はパッケージング生産ラインのデザインを創案し、継続的に改良を重ねるという複雑な任務を背負うことになったが、「K-Cup」の製造と、増え続けるニーズに対応してサプライチェーンへの供給を増やしていくという責任は各焙煎業者に担わせることになった。そしてキューリグは、各焙煎業者が独自に築いた評判の恩恵を受け、しかもそのコーヒーをパッケージングした「K-Cup」の販売努力を各焙煎業者が代行してくれることで、利益を得たのである。

当然ながら、「K-Cup」が売れるごとに**すべての**関係者が儲かる。誰にとっても利益が出る関係を焙煎業者との間につくり出したことが、このビジネスモデルの核心と言える。「K-Cup」の製造を外部委託することは、効率的なビジネスモデルを確立するために理に適った方法だったのだ。

重要な仮説を検証してみる

不完全な仮説を検証しなかったことでBOX3のプロジェクトが失敗したなら、まぐれでも起きない限り、もう救う手はないだろう。将来、なにか失敗が起きるのなら、なるべく早く起きてほしい。だからこそ仮説を試すことが、まだ計画がしっかり練られていないプロジェクトを検証する最善の方法なのだ。キューリグは当初から重要な仮説を試し、そこから学習し、適応していく中で、エビデンスを集めて分析するというプロセスを繰り返し熱心に行っていた。

プレミアムなポジションを試す

家庭用コーヒー市場に参入することで、自社のプレミアムなポジションが危うくなるかもしれないことをキューリグは早い段階で認識していた。そこで彼らは、家庭用コーヒーの消費者がプレミアムなコーヒー体験と、それに伴う価格を受け入れる余地があるかを見極めるため、さまざまなリサーチを行った。そして実際に市場参入の準備が整った頃には、キューリグのプレミアム戦略はうまくいく、家庭用市場はこれからこの方向に進んでいくと、かなりの自信を持つに至った。調査によれば、消費者にとってコーヒーマシンは一二九〜一九九ドルの価格帯、「K-Cup」のカプセルは一杯分が五〇セントであれば、許容範囲であるという結果が出ていた（コラム「自家製ドリンクの調査」を参照）。

キューリグのプレミアム戦略は、経済面調査においても会社にとって利益が出る計算となり、消費者にも満足してもらえるという良い結果が出ていた。ニューヨーク・タイムズ紙は、ポーションパックの経済性に焦点を当てた記事を書いている。[7] この記事によると、一個の「K-Cup」に入っているコーヒーの値段を一ポンド当たりの価格に換算したところ、消費者が自分でコーヒー豆を買ってきて家で挽いて飲む場合の二倍から四倍以上の値段になるそうだ。一杯分のカプセルに詰められた九〜一五グラムのコーヒーに、どれだけの利益が詰まっているか、これで簡単に理解できるだろう。

ニューヨーク・タイムズ紙は、便利で簡単であることに消費者がどれほどのプレミアム感を認識しているかにも注目した。「一杯ごとのコーヒーがどの範疇に収まるかは、その人がコーヒーを淹れるものと思うか、飲むものと思うかによるだろう」。キューリグのビジネスモデルは、少数の「コーヒーを淹れる派」ではなく、「コーヒーは飲むもの」と思っている大多数に賭けたものだった。「コーヒーは飲むもの」と思っている人の大半は、便利、スピード、風味、新鮮さに、お金を払う価値を見出してくれるのだ。

コラム

自家製ドリンクの調査

オフィス市場参入（一九九八年）から消費者市場参入（二〇〇四年）までの間に、キューリグは彼らが「家庭用」市場と名づけたマーケットについて忙しく調査を進めていた。一九九九年から二〇〇一年まで、さまざまな顧客調査、フォーカスグループ（訳注：市場調査のために抽出された消費者グループ）や家庭での実地試験などを行い、コーヒー愛飲者がキューリグの家庭用マシンに興味があるか、何を求めているか、コーヒーマシンとカプセルの価格がいくらなら購入するつもりがあるかなどを調べた。

家庭用という巨大市場で、一杯ごとに淹れるコーヒーカプセルの顧客を獲得しようとする場合、従来であれば低価格帯を狙うのが賢明なやり方だったろう。だが、キューリグの設立当初からのミッションは、プレミアムな製品と体験を顧客に届けることだった。そのため、低価格路線が正しいのかどうか、試す必要があった。当然ながら、キューリグには独自の仮説がいくつかあった。スターバックスなどが育ててきた「コーヒー愛飲者」という大きな顧客セグメントに属する人たちは、コーヒーに高品質、新鮮さ、風味、豊富な種類を求めているというのも仮説の一つだった。この要望に応えれば、プレミアム価格も正当と判断されるに違いない。結果として、次のことが判明した。[8]

キューリグは、二〇〇〇年にインターセプト・インタビュー（訳注：通りかかった人に声をかけ、応諾した人に質問をする）を実施した。対象は、スターバックスやダンキンドーナツなど、コーヒー関係の小売店に入っていく人、あるいは出てきた人である。その中から、自宅、あるいは自宅以外の場所（職場でキューリグやその他のシステムで、一杯ごとに淹れるカプセルコーヒーに馴染みのある人を含む）で、定期的にグルメコーヒーを飲んでいる人を回答者として選んだ。

・回答者は平均すると、自宅および自宅以外で一日に二、三杯のグルメコーヒーを飲んでいた。

・回答者の八八パーセントが、キューリグのシステムに興味を示した。便利で簡単であること、一杯ごとのカプセルのためゴミが出ないことが理由だった。

・回答者の七五パーセント以上が、口頭説明のみでキューリグのコーヒーマシンの購入に興味を示した。実演後は、九〇パーセント以上が購入に興味を示した。

・キューリグのコーヒーシステムを実演後、そのコーヒーを試飲した人の四四パーセントは、「K-Cup」一個につき五〇セントを払うと回答した。一日に飲むコーヒーの量が多い人は、コーヒーマシンにも「K-Cup」にもプレミアム価格を支払うと答えた。

キューリグは、消費者のフォーカスグループを対象に自宅での試用調査を行った。対象者には業務用コーヒーマシンを自宅で使ってもらった。

・インタビュー調査では、試用者は(期間中、「K-Cup」を一個につき五〇セントで購入している)「スピーディーで便利なシステムで、とても美味しいコーヒーだったと、みんなが回答してくれた」という。[9] また、毎回すばらしい風味のコーヒーが淹れられること、コーヒーの種類がたくさん揃えてあること、準備が簡単で片づけもラクであることも評価された。

・試験の参加者は、自宅外でのコーヒー消費が減った一方、自宅での消費量が増えていた(一日当たり二・二五杯となった)。

・参加者が許容範囲と考えるコーヒーマシンの価格帯は、一二九ドルから一九九ドルだった。二〇〇ドル以上だと「ぜいたく品として、購入に慎重になってしまう」。[10] また「K-Cup」の五〇セントという価格は、躊躇なく支払える額だった。

この試用調査に加えて、最初のリサーチとさらに外部の市場調査やキューリグが委託したインターネット調査の結果を総合して考えると、家庭用市場においてもキューリグのプレミアムな位置づけは、かなり受け入れられる余地があることが証明された。

さらに優れたコーヒーマシンをつくる

ところが、キューリグのコーヒーマシンの家庭用バージョンの詳細な設計と製造コストには、さらなる試験が必要だった。外部委託した「B100」をボツにしたものの、価値ある代替品をつくり上げるのは大変なことだった。しかも技術的な問題とコストの問題をどう解決すべきか、まだはっきりと糸口が見えていなかったのだ。

この時期は、キューリグの歴史の中でも恐怖の時代だった。スウィーニーが、ハーバードブリッジのたもとで段ボールハウス生活をすることになるかもしれないと考えたのもこの頃だ。キューリグの資金は、あと半年弱で尽きそうだったのだ。消費者市場で、彼らの運命は決まる。出来の悪いコーヒーマシンを発売するわけにはいかない。「B100」に取って替わるマシンは、確実に勝てるものでなくてはならなかった。

キューリグのチームは、ただ闇雲に努力をしていたわけではない。「B100」の改善策はある程度、見当はついていた。「B100」は小売店を通じて販売はしなかったが、自社サイト上でいくらか販売したので、その顧客からのフィードバックがあった。その中から、八カップ分の容量のタンクに水を入れてから、コーヒー抽出に理想的な温度のお湯が沸くまで三〇分も待たされるのは耐えがたいという点を改善することにした。この指摘のおかげで、新しい「B50」のマシンには、コーヒーを何杯も連続して淹れる機能の代わりに、どの一杯も理想的な温度で抽出する機能が必要だとわかったのだ。

この結論の成否は、家庭用マシンのユーザーがどのようにマシンを使うかにかかっていた。オフィス用マシンは、平均すると一日四〇杯程度のコーヒーを抽出していた。キューリグのチームは実地試験に基づき、家庭用マシンのユーザーが淹れるコーヒーは多くても一日、四、五杯だろうと考えた。そこで「B50」の水のタンクを小さくして、抽出コストを大幅に下げた。だが一つ、決定的な疑問が残っていた。お湯を沸かす時間は、どれくらいなら問題ないのだろうか？「あまり長くなければ」ということだったが、大半のユーザーは一分をはるかに超えると耐えがたいようだった。

チームはプロトタイプをいくつもつくり、水のタンクをカップ三杯分のサイズに縮小した。同時に、ソフトウェアと低価格のセンサーやマイクロプロセッサ技術を使って、水の加熱プロセスを加速・調整した。大き目のカップで飲みたいという顧客のリクエストにも応えて、一二〇〜三〇〇ccのカップに対応するマシンも開発した。

ユーザーからは、マシンのデザインについてもフィードバックがあった。オフィス用マシンではたいした問題にはならないが、家庭用マシンは消費者のキッチンカウンターに置くことになるので、デザインも重要なのだ。「B100」は底の面積が大きすぎたので、「B50」はそれに比べて細身になった。

マシンのコストを下げる

マシンが小さくなれば、装置もよりシンプルになり、必要な材料も少なくなるので、コスト管理面でもメリットがある。「B50」には、低価格のセンサーとマイクロプロセッサ技術を使うことで、コスト節約と効率性向上の一石二鳥となりそうだったが、先進技術とマシンの小型化だけではまだ十分ではなかった。アラバマ州で製造していた「B100」の製造コストは一台につき二五〇ドルだったが、キューリグは一五〇ドル前後を理想価格と考えていた。ジョン・ホリスキーは、この価格を損益分岐点としたかった。「カミソリの替刃」のビジネスモデルと同じで、マシンで儲けを出さなくても持続可能だからだ。そのためには、マシンを中国で生産するしかない。スウィーニーが海外の製造業者との関係を構築してくれたおかげで、キューリグはプレミアムなポジションを維持したまま、家庭用市場に参入することが可能になった。

「K-Cup」を改良する

試行錯誤を繰り返しながら、キューリグは「K-Cup」内部の修正を重ね、これまでにないほど大量のコーヒー粉にも対応できるようにした。何年もかけてようやく改良を実現したことで、スターバックス、ピーツ・コーヒー&ティー、カリブー・コーヒーなど、豊潤で濃いコーヒーを焙煎する業者との提携も勝ち取った（コラム「進化する『K-Cup』」を参照）。二〇一五年になると、キューリグは約六〇のブランドの四〇〇種類近いコーヒーを提供していた。

ライバルのマーケティング予算を利用する

自らの仮説の確証を得ることのメリットで、過小評価されていることがある。この確証があれば、それ以外のことについて「やるか、やらないか」の判断を自信を持って下せるのだ。新しいマシン「B50」も完成間近となり、キューリグはこの高性能マシンを消費者が払ってもいいと思う値段で家庭用市場に供給できると確信を持っていた。これまで、オフィス用市場で獲得してきた評価を傷つけることもないはずだ。

その頃、主要ライバル社も続々と家庭用消費者向けの「一杯ずつ淹れるコーヒーシステム」市場に参入していた。P&G、サラ・リー、さらにクラフトもブラウンが製造したマシン「タッシモ」を発売した（主にクラフト社の「マックスウェル・ハウスコーヒー」ブランドのコーヒーを使用した）。二〇〇四年のクリスマス商戦前に、ライバル社は家庭用の「一杯ずつ淹れるコーヒーシステム」の利点を知ってもらおうと、広告キャンペーンにお金をつぎ込んだ。一方でキューリグのホリスキーは、メディア広告にお金を使わないことにした。ライバル社の多額のマーケティング予算の恩恵を受けられるからだ。つまり、このカテゴリーのコーヒーに注目が集まれば、買い物客は小売店に足を運ぶ。大型デパートチェーンの高級グルメ売り場や、ウィリアムズ・ソノマのような台所用品店に立ち寄った買い物客に対して、キューリグは店頭デモンストレーションを行い、家庭でも味わえるコーヒーハウスの味で「おもてなし」をすればいい。キューリグの調査によれば、顧客が実際にマシンの使い方を見てコーヒーを試飲すると、購入率が劇的に上がることがわかっていた。

二〇〇四年のクリスマス商戦後、蓋を開けてみると、キューリグはすべてのライバル社の合計を上回る売上を達成していた。

コラム

進化する「K-Cup」

「K-Cup」は、ホイルの蓋で封印したプラスチック容器である。これはパッケージでもあり、製品でもある。容器の中のフィルターには、一杯分のコーヒー豆を挽いた粉が詰まっている。マシンの台に「K-Cup」をセットすると、ノズルが蓋を貫通し、お湯がコーヒー豆全体にいきわたる（図2-1）。お湯を注ぐノズルがフィルターの底まで貫通しないよう、フィルターは「K-Cup」の中で浮いた状態でなくてはならない。

図2-1 「K-Cup」の仕組み

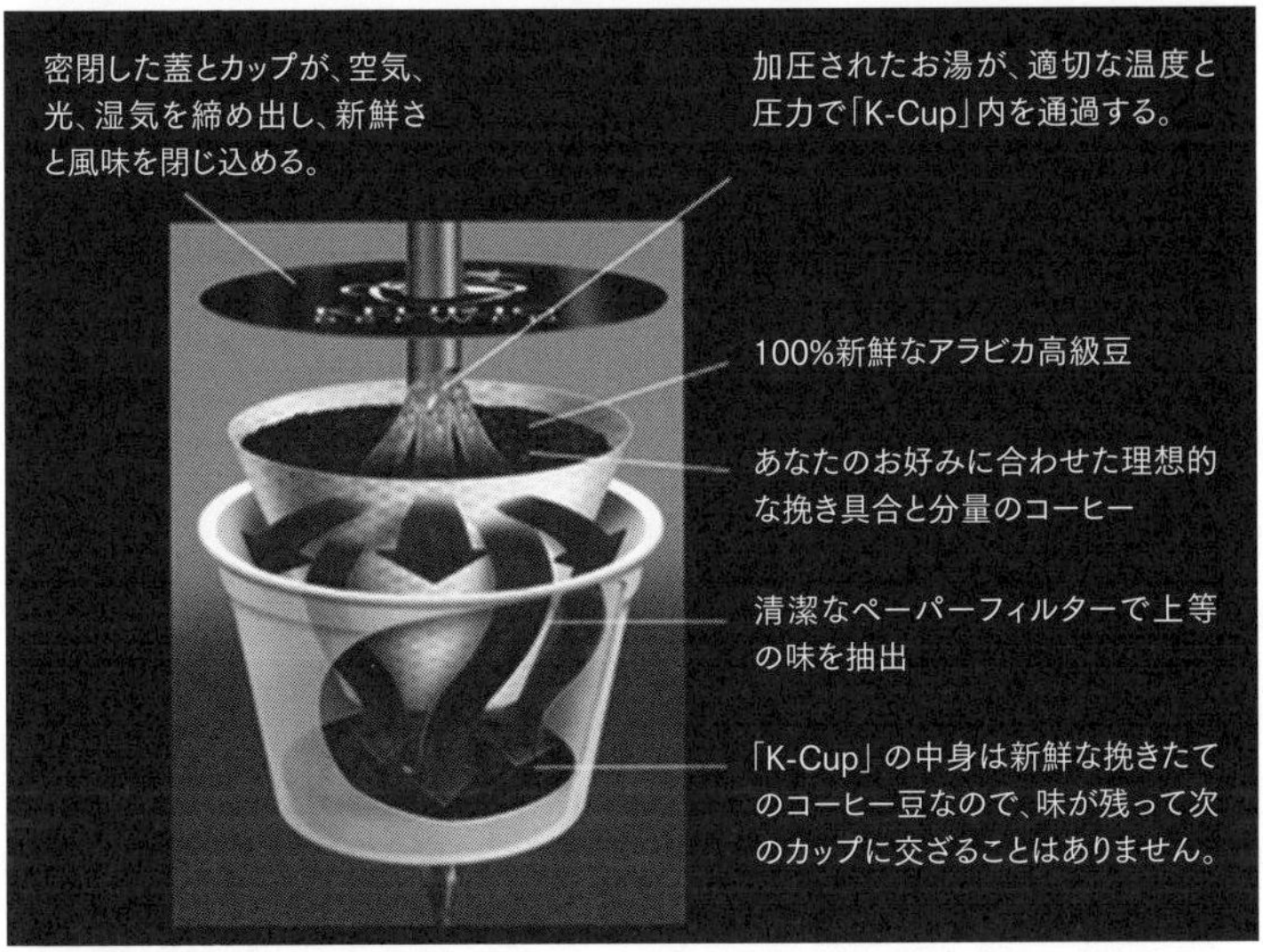
密閉した蓋とカップが、空気、光、湿気を締め出し、新鮮さと風味を閉じ込める。
加圧されたお湯が、適切な温度と圧力で「K-Cup」内を通過する。
100%新鮮なアラビカ高級豆
あなたのお好みに合わせた理想的な挽き具合と分量のコーヒー
清潔なペーパーフィルターで上等の味を抽出
「K-Cup」の中身は新鮮な挽きたてのコーヒー豆なので、味が残って次のカップに交ざることはありません。

出典：図の著作権キューリグ。無断使用を固く禁じる。

キューリグは豊潤な濃いコーヒーを焙煎する業者に対して、何年もかけて根気強く提携の説得をしていく一方で、「K-Cup」の改良も続けた。「K-Cup」にどれだけコーヒー粉を詰められるかが、濃いコーヒーを抽出する際の技術的限界点の決め手だった。最初は、九グラムしか詰められなかった。ケビン・サリバンによると、「これで十分でした。典型的なニューイングランドの人が好む、軽いコーヒー一杯分であれば」。だが、スターバックスを愛飲する人を唸らせるには、十分ではなかったのだ。

キューリグの幹部は、スターバックスなど、西海岸の焙煎業者を何年も繰り返し訪ねていたが、そのたびに拒絶されることにうんざりしていた。だが逆に、それがモチベーションを上げてもくれた。物事を変えていくことについて、サリバンはこう話している。「システムの難しい点は、一度、焙煎業者と提携を結んだら、その枠にはめこまれて、もうカプセルのサイズを大きくできないことなんです。そうなったら、内部に手を加えるしかないわけです」。当初、「K-Cup」のフィルターは円錐型だったので、彼らはその形状に目をつけた。

最初の改良策として、緩い円錐型の溝付きフィルターをつくり、排出ノズルに接触しないよう底を切り詰めた。これで一二グラムのコーヒー粉を詰めることができた。スターバックスはこの改良を認めつつも、まだ十分ではないと回答した。

「毎年、訪ねていっては、『これでどうでしょうか?』と見せていたんです」とサリバンは語る。それでも、彼らは首を横に振る。その後、溝付きの長いフィルターをつくったことで、ようやく一四グラムのコーヒーを詰められるようになった。「するとスターバックスが、『君たち、よくやってくれた。これが、我われの好みの味だ』と」。ここから、ようやくスターバックスとの協議が始まり、やがて「K-Cup」のスターバックス・シリーズが実現したのである。

BOX3のカルチャーを創出する

ホリスキーとサリバンがキューリグに入社した頃には、社内にBOX3の行動様式が根づき始めていた。コーヒーの淹れ方について当たり前だと思われていた考えを完全に捨て去るという、非線形の視点からキューリグが誕生したことは明らかだった。そして焙煎業者との中立的な提携関係が強みとなり、先見の明があったとしか思えない「カミソリと刃」のビジネスモデルが成功するのは当然だった。

だが、彼らに欠けていたのは、非線形のBOX3の考え方を持続し、繰り返していくために必要なスキルや構造や姿勢、一言で言うなら習性だった。キューリグの経営陣はそこに焦点を当て、以下の価値観を育てていった。

・落ち着かない、不満が残る

自己満足は、BOX3の思考法の敵だ。大躍進となるイノベーションに終わりはない。過去の成功を超えようと努力するのが、BOX3の文化だ。二〇一五年、キューリグ・グリーンマウンテンは、コールドドリンク市場に参入する準備ができていた。

・外部のアイデアやスキルにオープンでいる

飛行機内で循環する空気のように、閉鎖的なシステムは淀んでしまう。新鮮な空気を入れるために、意識して新たな能力や外部の視点を会社組織に取り入れることだ。スウィーニーが開催した供給会社との年次サミット、サリバンが型にはまらない人材を広範囲で探そうとする姿勢——こういった習慣が、新たな声を取り入れることにつながる。

・困難に立ち向かう情熱

最高の技術者/設計者は、自分にプレッシャーをかけることを楽しむ。サリバンによると、コーヒーマシンの問題をチームが一晩で解決したことがあるそうだ。問題を指摘したのが、キューリグ・グリーンマウンテンのCEO、ブライアン・ケリーだったことが大きなプレッシャーとなったからだ。ケリーは、自分の兄弟にそれぞれコーヒーマシンをプレゼントしたのだが、水のポンプのきしむ音がうるさいと全員から文句を言われたという。技術者たちはその雑音に慣れていたのだが、ポンプをいじって緩衝装置をつけ、材料の一部を変えところ、きしみとは違う心地よいノイズが出るようになった。技術チームが次の日までに修正していたことに、ケリーは驚嘆した。サリバンは、「我われには、イノベーションの筋力、能力、チームワーク、仲間意識ができていたんです」と言う。そう、ポンプの騒音の修正作業を楽しめるほどに。

・実験と順応

仮説を試すには、実験するのが一番だ。そしてその結果から学び、必要な変更を加えたら、もう一度実験してさらに学ぶ。学びが増えるにつれ、小さな賭けから大きな賭けに自信を持って移行していく。イノベーションの筋力をつけたというサリバンの長期プロジェクトは、そのつど、新たに出てきたニーズに基づいて実験を行うという連続作業だった。

・非常識

P&Gやクラフトなどの企業と競合する場合、宣伝活動に多額の予算をつぎ込もうと考えるのが常識だろう。だが、BOX3のカルチャーでは、必要とあれば非常識な感覚が好まれる。ゆえにホリスキーは、二〇〇四年のクリスマス商戦で、型破りのマーケティング予算を決断したのだ。

・プランBの柔軟性

不確実性とハイリスクを受容するのが、BOX3のカルチャーなので、環境が変化していくときはすばやく適応しなくてはいけない。キューリグは、最初のパッケージング生産ラインの製造業者が弱みにつけ込んできたことで、プランBという選択肢を持っておくことが大切だと認識した。おかげで、彼らも時間の経過とともに即興的に柔軟な運営ができるようになった。

この価値観は、エリザベス・ギルバートの著書『食べて、祈って、恋をして』の鮮やかな隠喩を思い起こさせる。この中で著者は、人生における根本的なバランスのとり方をこう言い表している。「猛スピードで並走する二頭の馬上でバランスをとっているサーカスの曲芸師のように、私たちは駆け足で生活を送っている。片足は『運命』と呼ばれる馬上に、片足は『自由意志』と呼ばれる馬上に乗っている。あなたが日々問うべき問題は、どちらの馬がどちらかということだ。自分のコントロール下にないので、心配するのはやめたほうがいいのはどちらの馬か、一心に操縦する必要があるのはどちらの馬か[11]」

著者のギルバートは、個人的な行動について書いているのだが、これは組織にもリーダーにも当てはまることではないだろうか。どのような活動においても、ビジネスでは「どちらの馬がどちらか？」と問い続ける必要がある。**自由意志の馬は制御して前進できるが、運命の馬をコントロールすることはできないからだ。**成功した人、あるいは組織は、自分がコントロールできるものに集中すればいいとわかっている。そうすれば、コントロールできない馬に時間やエネルギーを浪費することがないからだ。

ギルバートは、コントロールできない馬を無視しろと言っているのではない。むしろ、その逆で、自分ではどうにもできない運命が破壊的な方向に導く可能性がある場合、防護柵を張るために、運命の馬を理解し尊重し、対処する必要があるのだ。特にBOX3では、リスクや不確定要素を受け止める能力が求められるので、腕白なじゃじゃ馬がいたずらをしないよう、特に気をつけなくてはいけない。好ましくない環境に備えるための「制御の利く」手段こそが、実験、学習、適応なのだ。そして新たな情報を利用して確実性を高め、それによってリスクを減らし、より大きな賭けに出られるようにするのだ。

最後に、BOX3の成功は「計画的な日和見主義」のコンセプトを適応する能力にかかっている。第1章でお話ししたように、「計画的な日和見主義」は、どのような環境においても、運命が授けてくれた、あるいは課してきたものに対して、できる限り準備をしておくという訓練である。サリバンが技術者グループを元気づけるために行った作戦や、スウィーニーが強固な提携関係を築いたことや、ホリスキーが消費者市場参入の前に行ったリサーチなど、キューリグにはBOX3の「計画的な日和見主義」を実行に移す準備ができていた。こういったことすべては、自分ではコントロールできない運命が自分になるべく微笑んでくれるよう、その確率を少しでも上げるために、自分にできる範囲のことを制御しようとする行動だったと言える。

「三つの箱」すべてのバランスを維持するという難題

「K-Cup」の特許権の主要部分が二〇一二年末に消滅すると、新規参入者が殺到した。キューリグは、いろいろな方法でこれに対応した。特許権消滅前に、より大量のコーヒーを詰められる大型ポーションパック「Vue」を開発したが、市場の消費者はいったん慣れて気に入っているものから、まだ使ったこともない新商品に飛びついてくれるとは限らない。「Vue」は「K-Cup」ほど受け入れられていない状況だった。

二〇一四年夏には、新しいコーヒーマシン・システムも発表した。キューリグ2・0と名づけた最新技術を搭載し、デザインを刷新した「K-Cup」だけに対応するもので、「K-Cup」のカプセルに印刷されたQRコードをコーヒーマシンが読み取るシステムだ。だが、それ以外のポーションパックは、他社製品はもちろん、旧式の「K-Cup」すら抽出できない仕組みだった。

この変更は、キューリグの新規顧客には問題にはならなかったが、これまで長い間、キューリグを愛用してきた顧客には不愉快な驚きだった。豊富な種類のコーヒーを提供することがキューリグのシステムを成功に導いた大きな要因だったのに、新しいマシンでは他社のカプセルが使えなくなり、多くの顧客を困らせた。さらに「My K-Cup」も使えなくなったことで、一部の顧客から怒りを買った。「My K-Cup」とは、自分で買ってきたコーヒー豆を自分で挽いて、キューリグのマシンでコーヒーを淹れたいという顧客のための、再利用可能な便利なポーションパックのアダプターだ。

キューリグ2・0は、技術的な視点に立てば、特許権消滅に対応するには理に適った解決策だった。だが、特許権消滅は顧客の問題ではない。彼らの目には、キューリグが多様で豊富な製品を取り揃えるというブランドとしての基本的な約束を、突然、撤回したかのように映ったはずだ。キューリグ2・0のマシンでは、これまでのようにコーヒーを楽しむことができなくなったのだから。

悪い結果は、すぐに現れた。新しいマシンの評価は熱がこもっていないどころか、批判的なものが多かった。キューリグは、月刊誌コンシューマー・レポートの取材に対して、QRコードはそれぞれのドリンクのタイプに応じた抽出パラメータを正確に管理するためのものだと説明した。だが、実際の記事には、QRコードは「旧式、あるいは無許可の『K-Cup』の使用を阻止するための」デジタル権利の管理ツールでもあると書かれていた。[12]

一部の顧客は、自分たちで問題の解決に乗り出し、巷に出回っているプログラムを使って、新しいマシンでも旧式カプセルや再利用できるアダプターを使えるように改変していた。だが、新しいマシンは、販売数、そしてキューリグの収益にも影響を与えた。二〇一五年第1四半期のコーヒーマシンとその付属品の売上は、「消費者が閉鎖的なコーヒーシステムには財布の紐を緩めないという意志を示したため、二三パーセント減少した」とUSAトゥデイ紙は報じている。[13]

二〇一五年盛夏、キューリグ・グリーンマウンテンの株価は急落し、七〇ドル台後半で取引されていた。五月にCEOのブライアン・ケリーは、顧客基盤の判断を見誤った、コーヒーマシンの改変にこのような反応が起こるとは予測していなかったと詫びていた。その際、彼はこう発言している。「我われが間違えていました……。顧客の皆さんの想いがここまでとは思っていませんでした」[14]。そして、新しいマシンでも「My K-Cup」アダプターを使えるように改良すると発表した。「我が社のコーヒーマシンをとても、とても気に入ってくださっているヘビーユーザーの皆さんにとって、とても便利な機能だったのに……、それをなくすべきではありませんでした。いまから、元どおりにする予定です」[15]

キューリグ・グリーンマウンテンを代表して謝罪したケリーは立派だったが、この困難な局面から私は大切な教訓を見出した。「三つの箱」のバランスを維持するということは、一つの出来事ではなく、ずっと続く旅のように終わりのない課題であるということだ。キューリグ2・0は、BOX1の対応だったと言えるだろう。その最優先の目的が、第三者の侵略から「カミソリと刃」方式のビジネスモデルを守ることだったからだ。だが、それによって、キューリグというブランドの顧客との大切な約束を破ることになった。製品を気に入って愛用してくれている忠誠な顧客ほど、それまでの価値が打ち消されると激しく反応するものだ。企業側としては、少なくとも失われたものを補って余りあるメリットを提供しなくてはいけない。だが、市場の反応を見る限り、今回はそのようなメリットはなかったようだ。

これを書いている時点では、キューリグは次の運命の日の準備をしている最中だ。新たにコールドドリンク用マシン、キューリグ・コールドを発売するのだ。ボストン・グローブ紙の記事によると、このマシンの小売価格は二〇〇ドル前後で、二四〇ccのコールドドリンクの材料（炭酸を含む）が入った「K-Cup」を使用することになる。[16] 記事には、アナリストのブライアン・ホランドの次のコメントが引用されている。「この新製品は、KGMが消費者の意識の中でコーヒー会社以上の存在になれるかどうかを試す、これまでで最大のチャレンジとなるでしょう。コールドドリンクは、彼らにとって大きな賭けなんです」

まさに、そのとおりだろう。BOX3の核心は、新たに創出したもので大きな賭けに出るなら、**必ず**成功することにあるからだ。

次の章では、BOX2に目を向けることにする。BOX2の主な活動は、過去のアイデア、習慣、プロセス、システム、マインドセットを選択的に忘れること。つまり、非線形のイノベーションの障害となるものは、すべて捨て去るということだ。実践的な言い方をすれば、BOX2では「計画的な日和見主義」がもっとも奏功しそうな状況をつくる。そうすれば、将来、どんなことがあっても、弾力的に対応できるスキル、洞察力、構造、姿勢が身についているからだ。

ＢＯＸ３のカルチャーが長年にわたって維持できるかどうかで、そのカルチャーの真価が試される。その持続可能性は、その組織がどれだけ腰を据えてＢＯＸ２の行動を訓練しているかにかかっているのではないかと私は考えている。だからこそＢＯＸ２は、「三つの箱の解決法」の中で、もっとも不可欠で、もっとも能力を必要とする。ＢＯＸ２の強力な能力がなければ、組織は過去の泥沼にはまり、道に迷わざるを得なくなることは留意しておくべきだ。この後の第３章では、ＩＢＭがどうやってＢＯＸ２の野心的な戦略を、ＢＯＸ３の将来活性化のために開発していったかを見ていくことにする。

重要ポイント

ＢＯＸ３のイノベーションは、忍耐強い指導力を必要とするつらい実験プロセスである。

キューリグの外部投資家が、苛立たしい試行錯誤の時期も耐えてくれていなかったら、消費者市場への参入はこれほど成功しなかったかもしれない。

他業種との提携関係で成り立つビジネスモデルには、最高のチャンスが潜んでいるかもしれない。

キューリグのビジネスモデルは、独立した個々のコーヒー焙煎業者と運命をともにしていた。キューリグは成長に伴い、焙煎業者のブランド認知を広める方法や、彼らの焙煎したコーヒーの一ポンド当たりの収益を上げる方法を提供した。それが結果的に、キューリグのブランドとバリュー・プロポジション（訳注：自社だけが顧客に提供できる価値）を強化することになった。

深さと広さのちょうどいい組み合わせが、スタッフの知識や技能の創造性を上げた。

ケビン・サリバンの技術者採用基準が示すように、深い専門性を持ったうえで、自分の仕事が大きな枠組みの中でどの位置にあるかを広く理解している人は、チャンスに気づいたり、周辺分野の問題解決を手助けできることがある。このアプローチは、どんなタイプの組織にも、どんなビジネス習慣にとっても付加価値となる。

学びがイノベーションをもたらす。

BOX3の冒険的事業は不確実なことばかりだが、実験を重ねることで強化されていく。リスクも、学習機会として受け入れなくてはならない。学習においては何よりも、重要な仮説をテストすることで、不確定要素を明らかにして、リスクを減らすことに専念するべきだ。

◆確実性が最低レベルにある場合、大きな賭けに出る前に小さな賭けをしておくことが投資を抑えるうえでの最善策だ。

新たに生まれつつある市場がターゲットの場合は、この戦略が特に重要となる。

◆組織にBOX3のカルチャーを創出することが大切だ。

これこそが、「計画的な日和見主義」を実践するのにもっとも必要なことだ。未来が確実に予測できないときでも、それにしっかり備えておく。非線形的なBOX3の考え方を習慣にするため、新たなスキル、構造、姿勢をつくっていくのだ。

ツール

ツール1――BOX3のアイデアを生み出す

第1章のツール2への回答を参照しよう。あなたの会社が非線形の変化を二つ以上、生み出せるような、BOX3の新しいビジネスモデルを見つけよう。市場のまだ開拓されていない部分に対して、あるいはこれから新しく創出する市場に対して、どんな革新的な製品やサービスのコンセプトを開発できるだろうか？

ブレーンストーミングをして、BOX3のアイデアがいくつか出てきたら、そのアイデアをそれぞれ次の二つの側面から1～5で評価してみよう。

・アイデアの魅力

アイデアの魅力は、手が届きそうな市場のサイズ、将来の成長などによって決まる。これは市場調査の練習ではない。大まかな予測を立てるだけでいい（1＝魅力がない。5＝非常に魅力がある）。

・実行可能性

実行可能性は、機会獲得能力と定義できる。ここで考慮すべきは、現在の適格性や能力、市場競争の激しさ、障壁、採用など（1＝実行可能性が低い。5＝実行可能性が高い）。

BOX3の各アイデアについて、**アイデアの魅力**と**実行可能性**の合計得点を出してみよう。

最高得点をとったBOX3のアイデアが、もっとも魅力のあるアイデアということ。そのアイデアを次のツールを使って実行しよう。

ツール2——BOX3のアイデアを実践する

・BOX3のプロジェクトには、どのような知識や技能、適格性が求められるだろうか？　社内ではそのうち、どれが得られるだろうか？　社外から雇用等で得るべきものはどれか？　キューリグのように、「新しい」BOX3の将来性は「パフォーマンス・エンジン（訳注：定常業務を行う組織）」とはまったく別の「専用チーム」がつくり上げなくてはいけない。

・BOX3のアイデアの成功を左右するほどの競争力をBOX3のプロジェクトに与えることができる「パフォーマンス・エンジン」の強み・利点を特定しよう。その議論を通じて、専用チームがパフォーマンス・エンジンから借りてくるべきものがわかってくる。BOX3のプロジェクトを実践するには、パフォーマンス・エンジンと共存しながらも、そこからいかに「離れておくか」を理解する必要がある。

・BOX3のプロジェクトがパフォーマンス・エンジンの利点を借りてくると、必ず対立が起こる。目指すべきは、その対立をなくすことではなく、いかにまとめるかである。自分たちの組織の中で、パフォーマンス・エンジンとBOX3のプロジェクトが業務上、相互作用する分野で、どのような対立が起こり得るだろうか？　財源不足？　基準の違い？　会社全体の利益についての意見の相違？　専用チームのほうが高く評価されているという嫉妬？
このような対立を解決する最善の方策は？

• BOX3の革新的なプロジェクトの結果として許容できるものは、二種類ある。（a）成功、そして(b)できるだけ短期間で経済的損失も少ない失敗。もっとも望ましくないのは、長期にわたり経済的損失も甚大な痛手となる失敗である。そのためBOX3のプロジェクトの進行に伴い、なるべく少ない投資で確実に多くを学びたいと考える。それを実現するには、「もっとも重要な仮説をできるだけ早い段階で、できるだけ少ない投資で試す」必要がある。部門間をまたいだチームが、BOX3の新たな取り組みを事業として成功させるために必要な仮説を特定しなくてはいけない。それもできる限り具体的に。仮説としては、次の項目を考慮に入れよう。

– 解決法はともかく、顧客の困っていることを正しく理解しているか？

－そのビジネスモデルの解決法は、顧客の問題に対応しているか？
－対応可能な市場のサイズはどれくらいか？
－市場の鍵を開けることができる価格帯は？
－そのターゲット価格でどれだけの数が手に入るか？
－解決法を見つけるのに必要な技術があるか？
－製品をつくるのに最適な生産構造をわかっているか？
－コストをどれくらいきちんと予測しているか？
－実行に移し、拡大していくだけの能力があるか？
－正しい市場開拓の手法を計画しているか？
－顧客の製品購入後のアフターサービスについて、適切なモデルがあるか？
－現在のライバルはどこか？
－ほかの市場参入者はどこか？
－市場への新規参入者はどれくらい強力か？
－ライバル社の行動が、あなたの製品へのニーズにどのような影響を与えるか？

ここから、重要な仮説を特定していこう。各仮説の不確実性を1から5の間で評価する（1＝

確実、5＝でたらめな推測)。そして、その仮説がうまくいかなかったときの結果も1から5で評価する(1＝大したことない損害、5＝容赦ない損害)。得点がもっとも高い仮説が、最初に試してみるべき、もっとも重要な仮説となる。その重要な仮説を試すには、どのような低予算の実験が可能だろうか？

・BOX3のプロジェクトを実行するには、「きちんと訓練された実験」を行う必要がある。ライバルよりも早く学習することが、より有利に競争力を維持していく唯一の方法だ。短期的な経済的基準に照準を合わせることが、BOX3に経済的な成功をもたらす最善の方法ではない。それよりも、先行指標を使ってBOX3の実験を評価すべきだ。先行指標は重要な仮説を解決するヒントを与えてくれる。それが最終的に経済的な成功に導いてくれる。あなたの会社が取り組もうとしているBOX3のアイデアの業績評価基準は何だろうか？

第3章

過去を捨て去れ

BOX2は、BOX3の未来を阻止する障害物が消える場所だ。第1章でも少し触れたが、過去の成功が生んだ抑制的な考えや構造を組織から一掃することが、BOX2が担う「強力な変化を与える」という役割だ。コンスタンシーの創業者、ヒルケ・フェイバーが私にこう語ったことがある。「役に立たなくなった過去に別れを告げる勇気が出たら、私はもう振り返らず、BOX2の筋肉を柔軟にして、新たな未来へと一歩を踏み出すんです。そうすれば、BOX3の魔法が始まるからです」

確立した古い価値観や習慣ほど、強力なものはない。物理法則のように、不変のもののように見えてしまうからだ。しかも物理法則であれば一般的に有益だが、過去の支配は時間を止めて惰性を強いる力がある。

その例えとして、同僚から聞いた四匹の猿の物語を紹介しよう。[1]

ココヤシの木の下に四匹の猿がいた。しばらく待ってもココナッツの実が落ちてこないので、一匹が実を採ろうと木に登ったが、半分まで登ったところで電気ショックを感じ、慌てて地面に下りた。ほかの猿も動揺して恐怖にかられた。さっきの猿はもう一度、登ろうとしたが、また同じ結果となった。ほかの猿も一匹ずつ登ってみたが、電気ショックを受けて実を採ることはできなかった。まもなく猿は、**木に登るのはとても危険だ**と理解するに至った。この経験から、ココナッツに関しては採りにいくのではなく、重力の法則で落ちてくるのを待つことが唯一のビジネスモデルとなった。

四匹の猿は、これを自分たちの組織の方針として、従業員向けの手引きや研修プログラム、業績評価基準、組織構造に組み入れた。彼らの理解が正式な慣行となり、どうしてココヤシの木に登ってはいけないのか、疑問に思うこともなくなった。

やがて四匹は、別の木に異動となった。その木には電気ショック装置はなかったので登ったとしても問題はなかったが、彼らは登らなかった。環境に非線形の変化が起きたのに、猿たちは以前の環境下で決定されたとおりの行動をした。電気ショックの経験を、新しい木にも適用したのだ。その後、経営陣が四匹のうち一匹を異動させ、代わりに電気ショック経験のない新しい猿が一匹やってきた。その猿がココナッツの実を採ろうと木に登りはじめると、ほかの猿たちが引きずり下ろした。新しい猿は何度も木に登ろうとするが、他の猿たちが止めに入る。まったく違う考え方をする新しい猿に、残りの猿たちが木に登ることは許されない行為だと説明する。重力こそが、唯一のビジネスモデルなのだから。

「じゃあ、待つしかないと言うんですか?」と新しい猿が尋ねる。

「風が強い日に、ココナッツの実が落ちてくることを願うしかないんだ」と別の猿が答える。

結局、新しい猿もどうして木に登ることが危険で許されない行為なのか、よくわからないまま言われたことを受け入れる。電気ショックを体験したことはないのに、「木は登るものではない。

もし登ろうとしたら強い反対に遭うのだ」と理解する。こうして、他の猿とは違うアイデアや過去の経験を持つ新しい猿も、周りの要求に合わせて古い考えに適合していく。

猿は一匹ずつ異動していき、やがてすべて新しい猿に入れ替わったが、彼らは電気ショックを受けたこともないのに、ココヤシの木に登るのは危険だと学習する。こんな風に、環境がつくった古いロジックが、すでにその環境には即さなくなっているのに残っていくのである。非線形な変化が新たな魅力的な可能性を秘めたチャンスをもたらしているというのに、過去の力が強すぎて、結局、そのチャンスは失われてしまうのだ。

だからこそ、組織は**選択的に忘れる**訓練をすることが重要となる。ここで忘れるべきは、もう役に立たなくなったことである。あるいは、いまもＢＯＸ１のビジネスにとって価値のあることであっても、それがＢＯＸ３を抑制するような効果は遮断する方法を考えるべきだ。

ＢＯＸ２の特徴的な原則と言動

ＢＯＸ２の責務は、会社の方針にそぐわなくなった事業部門を閉鎖していくことである。例えばＧＥは、二〇一五年四月、先端産業事業に専念するため、ＧＥキャピタルの資産の大半を売却すると発表した。大胆なBOX2の行動だ。不動産の売却だけで二六五億ドルが見込まれ、その売上金はヘルスケア、エネルギー、運輸など、BOX3の新たな事業資金となった。急速に発展したGEキャピタルを見れば、一九八〇～九〇年代にかけてGEがBOX1の正しい動きをしていたことがわかる。二〇〇〇年には、金融サービスが会社全体の収益の半分以上を上げていた。しかし二〇〇〇年代に入ってからの経済、および社会の変化が、GEの最優先事項について再考を促した。時代に合わせて、会社も変わらなくてはいけないのだと。

GEの会長兼CEOだったジェフ・イメルトは、この決断を発表した際、GEの役員、経営陣が「いくつか重要な問いを投げかけた」と話している。「世界の動きはどうなっているのか？ タイミングはいまなのか？ 顧客や投資家にとって、いいことなのか？ 前進するGEはどう見えるだろうか？」[2]。GEは未来を手に入れるため、選択的に過去を忘れなくてはいけないと悟った。たとえ大きな利益を生んできた過去であっても（コラム「間違った未来は手放す」を参照。インド最大級のテクノロジー企業、タタ・コンサルタンシー・サービシズが一見、直感に反した行動とも思える子会社売却をしたことについての物語だ）。

コラム

間違った未来は手放す

タタ・コンサルタンシー・サービシズ（TCS）は、インド最大級の企業グループとして尊敬を集めるタタ・グループの一員であり、インドでトップ5に入るITアウトソーシング・プロバイダーから、従業員三〇万人を抱え、ITサービス分野で世界の先頭に立つ企業へと成長した。北米や欧州のアウトソーシング市場は低迷していたが、TCSの収益は二〇一〇年の六〇億ドルから、二〇一四年には一二〇億ドルと倍増し、時価総額七〇〇億ドルのインド最大の企業となっていた。

TCSのこの変身を可能にしたのは、大胆なBOX2の行動だった。例えば、二〇〇〇年代の最初に、TCSはオフショア・コールセンターという成長分野で大成功を収めた。ビジネスのプロセスの外部委託は高成長事業であり、特にコールセンターの需要は高かった。しかし、TCSはわずか2年で突然、コールセンター・サービスから撤退した。この事業に成長や成功が見込めなかったからではない。コールセンター運営に必要な能力を開発しても、TCSが望まない方向に進むだけだと経営陣が判断したからだ。

TCSの前CEO、S・ラマドライ（通称ラム）によると、過去の実績を見るとコールセンターのオペレーターの在職期間は三か月から一年だった。従業員の回転率が激しく、ＴＣＳは毎年、社内で五〇万人もの従業員を回していたので、人事管理にかなりのエネルギーを割かれることとなった。コールセンター事業は、確かに儲かる。だがこれは、顧客にとって戦略的な業務ではない。むしろ中核的な業務でないからこそ、コストを下げたい部分なのだ。ここが、ＴＣＳの将来にとって重要だった。

ＴＣＳは、顧客に戦略的な価値を提供することを使命としたかった。高付加価値サービスは、従業員一人当たりの売上収益が上がる傾向にある。そのようなサービスに専念すれば、ＴＣＳはより少数のより安定した労働力で、高級な事業分野を大きく成長させられるかもしれないのだ。ラムはこう説明している。「(コールセンターの仕事は)私たちが築き上げたい能力ではないと、意識的に決断しました。付加価値がほとんどない事業なので、そういう分野は要らないと思ったんです。だから、『コールセンター事業からは撤退して、一か八かやってみよう』と」[3]

付加価値の低いコールセンターの運営を続けていたら、組織のエネルギー、集中力、資金、想像力が枯渇し、結果的に戦略的サービスを開発する企業へと発展する道筋から脱線していただろう。急速にニーズが高まっている事業からの撤退を決断するケースは非常に珍しいが、ＴＣＳは自分たちが追い求めている「未来」はコールセンター事業ではないと感じたのだ。

P&Gも、成長率の高い少数の中心的ブランドに経営努力を集中させる目的で、大胆な事業売却戦略に出た。二〇一五年七月には、美容ブランドの中から四三ブランドをコティに売却すると発表。[4] コティ、またそれ以外への売却により合計で約一〇〇のブランドを手放した。これは一〇の製品ラインだけを残して、成長させるための自由な資金と能力を得るためだった。

このように、BOX2のポートフォリオ・マネジメント戦略としての売却によって、組織は保有資産の中から次のような資産の重荷を下ろすことができる。(1) 価値が減少している。(2) 収益を上回る経営努力を要する。(3)外部から高値で買い手がつく可能性がある。だが、実際に売却するのは、困難な場合が多い。社内が疑心暗鬼になり、市場不安を高めるので、経営幹部が強力に積極的に責任を持って対処する必要があるからだ。そのため、この戦略は売却で得た流動資金を将来の成長のために投資する目的であるにもかかわらず、なかなか使えない。そこで、もっと直接的に肯定的にBOX3のイノベーションに影響を与えることができるBOX2の戦略的手段を考えてみよう。

本章では、さまざまな営業部門、さまざまな開発段階でのスタッフの働き方、運営方法、そして**考え方**を変えていく方法を述べていく。有形資産の売却が難しいのと同様に、いやそれ以上に、目には見えないが知らないうちに組織を蝕んでいく共同記憶にメスを入れることのほうが難しいからだ。

ＢＯＸ１のパフォーマンス・エンジンを運用している幹部は、自らの過去の経験に基づくマインドセットから成る**支配的論理**を持っている。[5] この支配的論理は、システム、構造、プロセス、カルチャーなど、長く残るものの中に深く組み込まれていく。叩き上げのスタッフが多く、同質的な文化があり、組織内の交流の枠組みが強く、長年の成功の歴史がある会社では、支配的論理が特に顕著である。このように深く根づいた記憶を維持することにも大きな効果があるが（ＢＯＸ１）、これを十分に抑えられないと（ＢＯＸ２）、創造の障害となる（ＢＯＸ３）。ＢＯＸ３の新規事業は、実はＢＯＸ２から始まるというのは、そういう理由からだ。そう、「忘れなければ、新しくつくり出すことはできない」からだ。

ＢＯＸ２の訓練が足りない組織は、四匹の猿のような行動をとる傾向にある。過去のマインドセットの多くが、変わり続ける環境の中ですでに意味を失っていることに気づかず、自らの将来を危険にさらすことになる。だが、どんな組織も、過去と現在と未来のバランスをとる手段としてのＢＯＸ２を使いこなせるようになるはずだ。

ＩＢＭの失墜

二〇世紀の最後のほぼ二五年間、ＩＢＭはすばらしく訓練されたＢＯＸ１の模範企業だった。企業にＩＴを提供する頼りになる会社として、ハードウェア、ソフトウェア、システム統合などを中・大企業に提供していた。高価で複雑なテクノロジーの購入はリスクを伴うが、購入判断を下す各企業の最高情報責任者（ＣＩＯ）の一九九〇年代当時の平均在職期間は二年余りと回転率が高いことで知られていた。彼らは、ＩＢＭのクオリティーや信頼性を高く買っていた。切羽詰まったＣＩＯに、ＩＢＭは安全な選択肢に思えたのだ。当時は「ＩＢＭを買ったことでクビになる人はいない」と言われたほどだ。

ＩＢＭは、業界でもっとも尊敬される企業だった。ＩＢＭのテクノロジーを購入してクビにならずに済んだＣＩＯたちは、自分まで賢くなった気分だったろう。ＩＢＭも、企業向けコンピュータのブランドとして抜群に秀でたポジションに心地よく浸っていた。

しかし、次の二つの非線形な変化がＩＢＭの支配に脅威を与えることとなった。

・パーソナル・コンピューティング

それまでマニア向け玩具のように思われていたPCが、一九八〇年代半ばには企業に浸透してきた。皮肉にもIBMは（ビル・ゲイツが設立したばかりのマイクロソフトとともに）PCがビジネス・ツールとなる過程で、重要な役割を担っていた。PCが急速にその力と実用性を伸ばし（ムーアの法則と新しいビジネス・ソフトウェア・アプリケーションのおかげだが）、クライアント／サーバーのネットワークに接続されると、そこら中に偏在するIBMのメインフレームと中型機（ミッドレンジ）システムの売上が落ちるのは時間の問題と思われた。[6]

・インターネットとウェブ

さらに強力な次なる変化は、インターネット、特にハイパーリンク（クリックしただけで移動できる）のワールド・ワイド・ウェブ（ｗｗｗ）だった。インターネットに接続したコンピュータであれば、世界のどこからでも互いにやりとりができる。ビジネスの世界も、これまでの境界線を越えて直接、顧客とやりとりができることを知った。しかも、このやりとりを記録して分析して評価もできる。まもなく、仮想プロセスや仮想の仕事場もデザインできるようになった。アマゾンが書籍の在庫を抱え込むことなく、書籍販売店として成功したように、多くの業界で参入障壁が低くなるか、あるいは障壁すらもなくなった。

この二つの非線形な変化には一〇年以上の時間差はあったが、どちらも特許技術の罠から解放され、ウェブが仮想の運用システムになるかもしれないという、誰にとっても等しく魅力的なアイデアにビジネス界も気づいたのである。この運用システムでは、標準プロトコルに基づいてつくられたコンピュータの能力とアプリケーションが効率的に安価に入手でき、実用的に使いながら料金を払う。これが現在、「クラウド」と呼ばれるアイデアだ。[7]

三つの罠

この二つの非線形変化の意味を理解しているIBMの社員はたくさんいたのに、彼らの洞察力が過去の凝り固まったロジックを突き破ることはできなかった。過去の支配的理論が三つの方法を連動する形で、ビジネスのカルチャーと実務をしっかり摑んで、抑えつけていたからだ。その強烈な影響は、準備ができていない者を陥れる罠だと私は考えている。次の三つの罠はすべて、過去の価値観、言動、信条に過度に注意を向けるという共通のマインドセットから生まれている。

自己満足の罠

現在の成功は、次のような条件づけをする。未来を確実にするには、いまの成功のために過去にやってきたことを続けていく以外にないのだと。これが**自己満足の罠**だ。自己満足は、未来を見当違いの自信という霧で覆い、周りの環境変化を見えなくしてしまう。

ＩＢＭの場合も、並外れた収益をもたらしたＢＯＸ１のメインフレーム事業の成功が、そのあとに訪れた困難を覆い隠した。ＩＢＭは、メインフレーム事業に迫ってくる脅威と向き合わず、その場しのぎの応急処置をした。収益モデルをメインフレームのリースから直接販売に変更したことも、その処置の一つだった。[8]これが短期的には収益増加という喜ばしい効果を上げたので、逆にＩＢＭの最後の審判を遅らせることになった。

成功した組織の過去への忠誠ぶりはあまりに強烈で、ＢＯＸ１の事業に疲弊の兆候があっても巧みに見逃してしまう。ＩＢＭは日々、未来を築くことなく、会計方針の変更とともに過去を引き延ばした。その結果、何年かにわたって収益が増えたことで、彼らはつい、**すべてうまくいっている**と思い込んだ。これは、まさに自己満足の状態を示す言葉だ。

ＩＢＭは、どうして自己満足の罠に陥ったのか。別の見方をすれば、ＢＯＸ１の収益が維持されたことで、切迫感が募るのが遅れたのだ。もっと早く追い詰められていたなら、クライアント／

サーバー・コンピューティングという新たな企業モデルにもっと積極的に投資するべきだと、先を見越したＢＯＸ２の判断を下せたかもしれない。

これが、成功の裏に潜む暗い側面だ。どんな業界や企業でも、すばらしいイノベーションからは、ＩＢＭを窮地に気づかせなかったのと同じ種類のＢＯＸ１に基づく構造、プロセス、姿勢が生まれる。ＩＢＭのメインフレームは単なるスマートマシンではなく、顧客の職場で年月をかけてつくり上げた、それまでにない、新しい企業管理ができるスマートマシンだった。

メインフレーム・コンピュータは、孤島の要塞のようなものだ。新しいＩＴ機能を装備して、安全に運営され、ＩＴプロキシーを通さない限り、企業内のほかの部分とはアクセス不能なのだ。もしテクノロジーで統治哲学を表現するとしたら、メインフレーム哲学はその後に登場するオープンでアクセス可能なインターネットとは真逆のものだった。インターネットがビジネスツールとして出現する前から、従業員がネットワーク化されたＰＣ間で互いにアクセスして利用できるような、価値あるメインフレームをどうやって構築していくか、どこの会社でも激論が交わされていた。この高まるニーズは、ＩＢＭのＩＴ顧客の考え方とは対立した。彼らは、企業データを安全に完全な状態で保護することを使命と考えていたからだ。そのアクセスを許したら、データ改ざんや信用できない「真実」が増殖しかねない。

自己満足の罠に深くはまっていく際に、顧客が重要な役割を担うことがある。ＩＢＭは、やがてコンピュータ化された企業の管理システムとなるものを顧客と共同でつくり上げていった。このシステム構造や姿勢は、ＩＢＭの顧客である大企業が自らフィードバック・ループ（訳注：フィードバックを繰り返すことで、結果が増幅されていくこと）で増幅していった。

最終的にメインフレームの新バージョンが出現し、そのほかのＩＴインフラとの対立も解決した。現在のバージョンは、多くの大企業でビッグデータ分析やその他のアプリケーションを供給している。だが、一九九〇年代のＩＢＭでは、よりオープンで民主的なネットワーク・コンピュータという新興モデルにメインフレームが大きな影響を与えていたのである。

共食いの罠

非線形のアイデアに基づく新たなビジネスモデルが、その会社の現在の成功を危機に陥れると経営陣に思い込ませるのが、「共食いの罠」だ。体内に侵入したウイルスを抗体が攻撃するように、過去のモデルとは違うアイデアに抵抗することでＢＯＸ１の事業を守ろうとする。

共食いの恐怖は、現状を変更したくないという願いの反映である。その気持ちは容易に理解できるが、その言い訳を容易に許すことはできない。この恐怖に苛まれる人たちにもっともらしいことを言うならば、変化は避けられないし、彼らに関係なく世の中は変わっていくものなのだ。企業の戦略の邪魔となる共食いの恐怖を許してしまうと、過去に過剰投資して、未来を台無しにしてしまう。

一般的に共食いは、短期的な脅威として理解され、恐れられる。一九八〇年代初頭、IBMが先見の明からパーソナル・コンピュータを開発した際にも、それまで受け継がれてきた事業を守ろうと社内の勢力が結集した。PCを恐れた人たちは、メインフレーム・コンピュータというビジネスモデルの脅威となる可能性を感じたのだろう。企業データを解放したいという高まる欲求にPCが応えるのではないか、あるいは現在の主要事業への注目度や投資がPCに転用されるのではないかと。

新しいテクノロジーが、それまで受け継がれてきた製品に取って替わる可能性を感じて恐れている人たちは、むしろ正しい見方をしていることになる。新たな事業が輝かしく登場すれば、どんなBOX1の事業でも、恐怖や時に憎悪まで感じるのは当然だ。スティーブ・ジョブズが最初のアップル在籍期の終盤、マッキントッシュの発売を強力に後押しした際、AppleⅡの担当グループは切り捨てられたような脅威を感じた。共同創業者のジョブズが謀反を起こしたようなものだったからだ。[9]

しかし現実的には、共食いは長期的利益につながると理解すべきだ。アップルのマッキントッシュは、それまでのコンピュータを時代遅れにするような特徴を備えていた。アップルが迅速に動いていなければ、ライバル社、もしかしたらＩＢＭまでもがその空白を埋めたかもしれない。既知の事実を考えれば、ＩＢＭがマイクロコンピューティングに乗り出すことはあり得なかっただろうが、これがあっという間にＰＣのスタンダードとなり、個人・企業どちらのユーザーからもツールとして認められることになった。ＩＢＭのＰＣのマーケティング戦略は当初、個人ユーザーに傾斜していたが、本当の稼ぎ頭となるのは企業ユーザーだった。そこで少なくともＩＢＭの一部にとっては、クライアント／サーバー・コンピューティングを支援する理由ができた。メインフレーム事業のスタッフがどう考えようと、クライアント／サーバー・モデルが光輝いていることは否定できなかった。

企業は共食いの恐怖という問題に真剣に対処する必要があるが、非線形の戦略、あるいはビジネスモデルにチャンスがあると見たなら、共食いの恐怖を理由に先見の明がある行動を阻止してはいけない。

コンピテンシーの罠

現在の中核事業が順調なために、主にＢＯＸ１のコンピテンシーに投資をして、そのせいで将来を見据えた新たなコンピテンシーに投資する動機がなくなるのが、コンピテンシーの罠だ。新産業となるメインフレーム・コンピュータで大成功を収めて名声を得たＩＢＭのような企業が、その成功の遺産を受け継ぐスキルを持った人材を集めたいと思うのは当たり前のことだ。だが、コンピテンシーの罠は諸刃の剣である。ＩＢＭは、ＢＯＸ１のコンピテンシーに投資したことで、メインフレーム事業が成功した。その一方で、ＢＯＸ１のロジックが問いかける。**会社の現在の収益に関係ないスキルに、投資する必要があるのか**と。だからこそ、ＢＯＸ２が必要なのだ。

ＩＢＭは、自分たちが開発して大成功に導き、市場支配力を持つに至ったコンピューティング・モデルが変化しつつあることをようやく認識したものの、Ｒ＆Ｄに巨額の投資をしていたために、冒険的な新規事業を育てていくことを慢性的に怠っていた。ＩＢＭ内では「次の大ブーム」[10]と呼ばれるものを見つけようと必死だったが、「四匹の猿」の価値システムには逆らえなかったようだ。

システム上の問題があるに違いないと考えていた当時のＣＥＯ、ルイス・Ｖ・ガースナーは、根本原因を探るため内部調査をさせた。調査の責任者となった企業戦略部門のトップ、ブルース・ハレルドは、ガースナーが恐れていたことが事実だったと確認した。ハレルドのチームは、失敗に終わった新規事業企画をいくつも調査し、ＩＢＭを支配しているＢＯＸ１のシステム、構造、プロセス、カルチャーに次の問題があると結論した。

・短期的な成果を強く求める傾向ができていた。

- 新しいテクノロジーや非線形のトレンドを過小評価、あるいはまったく感知することなく、既存の顧客、製品、サービスに専念する傾向にあった。
- 新規事業には不当に高い目標実績を課したため、特に最新の、リスクは高いが将来性のある市場向けの冒険的事業にダメージを与えた。
- 想像力に欠けるアプローチで市場分析をしたことで、非線形のBOX3のアイデアを生む可能性がある「勃興市場」を組織として理解できなかった。
- 新規事業が生まれ、成長し、事業として確立するまでの移行期に必要な能力の開発を阻害した。
- 履行しないための、あらゆる種類の原因をつくった。その多くは、BOX1の柔軟性の欠如によるもの。これは新規事業のリーダーであれば、「克服できるはず……（そのような問題に）懸念を表明すれば、それが新規事業イニシアチブの大きな障害になっていても、弱さの印だと見なされる」[11]という組織構造に由来する。

実はもっと重要なのは、この報告書に書かれていないことのほうだ。ＩＢＭの問題は、調査能力不足で起きたのではない。むしろその反対で、従業員たちは少なくとも幅広い領域や技術の専門知識を備えていた。調査プロジェクトの中にはかなり将来性があるものもあったし、かなり投機的なもの、まだ確証のないもの、不透明なものもあった。だが、リストアップされた諸々の理由によって、採用に至ったアイデアさえも適切に開発され、実行されることはなかった。ＩＢＭに必要だったのは、異端の猿に権限を与え、支援し、報いるためのプロセス、そしてその新規事業を開発段階ごとに管理していくプロセスだった。

このようなプロセスには、組織の構造やカルチャーやリーダーシップの改善策を組み入れなくてはいけない。ＩＢＭの場合はまずガースナー、その後、サム・パルミサーノの下、新規事業開発プログラム（ＥＢＯ）という枠組みの中で独特の改善策がまとめられ、そこから新しい組織構造が生まれ、型にはまっていたＩＢＭのカルチャーが変化し、融通性と適応力があるリーダーシップが生まれていった。

BOX2の改善策

外部の視点を持ったルー(ルイス)・ガースナーを迎え入れたことは、BOX2の重要な動きであったことがその後、証明された。一九九三年にRJRナビスコからIBM入りしたガースナーは、社内の重役からの抜擢ではない外部からの初のCEOだった。彼は、アメリカン・エキスプレスをはじめとして、主にB2Cと呼ばれる消費者を対象としたビジネス畑を歩んできた。当初、彼に求められていたのは、IBMを解体して各部門を売却することだったが、顧客のアドバイスを心に留め、会社を解体しないことにした。IBMは顧客中心主義の会社として顧客から学ぶべきだと認識し、CEO自ら謙遜の気持ちで行動するカルチャーを引き出し、独りよがりの自己満足を捨てさせた。ガースナーは、IBMをハードウェアとソフトウェアの会社からサービス・プロバイダーへと根幹から変換させた。会社の新たな使命は、顧客を旧式の閉ざされた企業メインフレームの世界から、開かれた非独占的なコンピュータ・ネットワーク、最終的にはインターネットの世界に移動させることだった。つまり、顧客のエンタープライズ・アーキテクチャー(訳注:全社統一のシステム設計思想)やプロセスや商業活動が、必要に応じて柔軟に再構成できる世界だ。

一九九〇年代が終わる頃、ガースナーはＩＢＭの自己満足的ＢＯＸ１の実績を修正し、未曽有の赤字続きの決算から脱出させた。ＢＯＸ１に緊急に重点を置いたことの副作用もあった。集中的に短期的な業務を遂行したので、必然的にＢＯＸ１の事業部のリーダーたちは、ＢＯＸ３のプロジェクトへの投資を軽視しがちになった。明るい未来を創造するため、ガースナーはＢＯＸ２の行動から始めなくてはならなかった。

ハレルドの報告書の結論を受け、彼はプロジェクトを開始した。アイデアの芽を実験しながら育て、大きくして、やがて成熟して収益を生むようになるまで、あらゆる局面で新規事業に取り組めるような組織構造を探るプロジェクトだ。ＥＢＯは、過去から解き放たれる手段だった。ＥＢＯの枠組みで重要なのは、新規事業は各開発段階に応じて独自の戦略、管理方法、業績評価基準が必要だと認識することだ。

ＢＯＸ２とは、未来の可能性を広げることだ。例えば、株価という一つの測定値だけを見ても、(二〇〇二年に引退した）ガースナーと（二〇一二年に引退した）パルミサーノの下で、ＩＢＭの事業が一時的に取り繕ったのではなく、徹底的に刷新されたことがわかる。一九九三年から二〇一二年までの間に、ＩＢＭの株価は一三ドルから一九三ドルに上昇しているのだ（二〇年間で株式時価総額が調整後の年率で一四パーセント成長したことになる）。そしてＩＢＭも顧客と、さらにその顧客のビジネスの変化のスピードに追いつけたのである。

ここからは、IBMのパーベイシブ・コンピューティング・ビジネス（訳注：コンピュータがいたるところに存在し、いつでもどこでも使える状態）の例から、EBOを詳しく見ていくことにする。パーベイシブ・コンピューティング事業部は、ハレルドが「見逃したビジネスチャンスの一つ」として報告していたものだ。この見逃された事業部が、EBOのアイデアを実験する研究室となった。そして事業部の運命を変えるべく、二〇〇〇年初めにEBOの枠組みに組み込んだ。結果的に、この部署はIBMが育てた新規事業の中でもっとも成功したものの一つとなった。

一九九三年から、IBMは後に「パーベイシブ・コンピューティング」、またはティア0（IBMの分類では、ティア3、ティア2、ティア1がそれぞれメインフレーム、ミッドレンジ、パソコンだった）と呼ばれるコンセプトに関連した数々のリサーチをしていた。これらのプロジェクトの目的は、インターネット商取引がコンピュータ以外の機器（携帯電話、PDA、自動車、キッチン家電、その他、ネットワークアドレスが可能なものすべて）に急速に広がっていくことを前提に、新たなテクノロジーの研究開発をすることだった。そこら中に普及しているという意味で、「パーベイシブ・コンピューティング」[12]の名前がついた。いまなら、高速道路料金をドライバーの銀行口座から自動で引き落とす車載のE-ZPassトランスポンダ（訳注：応答機）がよい例だろう。

最初の何年かは、パーベイシブ・コンピューティング部門に勢いがつかなかった。というのも非線形のビジネスチャンスは、ＢＯＸ１の多数の事業に割り当てられ、他部門と連携しようとしないＢＯＸ１の過去の開発手法がとられたからだ。まさに「四匹の猿」である。ティア０には大きなビジネスチャンスがあると説得された経営幹部は、数々のプロジェクトをＥＢＯ傘下で一元管理して連携させたいと考えた。

ＥＢＯのプロセスは、ＩＢＭの新規事業着手の実績改善を目指し、スタートアップ事業を支援する構造をつくり、組織の分野ごとに実務方式、リーダーシップ／管理、人材配置、戦略開発、実績評価基準、動機づけも別々に設定した。

もう一度、強調しておくが、ＢＯＸ２の改善策は、組織のパフォーマンス・エンジンの動力源であり続けるＢＯＸ１の能力や価値観を排除することが目的ではない。非線形のＢＯＸ３のイノベーションが実を結ぶような保護的な組織構造をつくり、別のコンピテンシーを創出することを目指している。

組織とリーダーシップ

ＥＢＯの第一の原則は、新たな冒険的事業に特有の必要条件を明確にすることだ。そしてその新事業を、ＢＯＸ１の事業を管理するルールから隔離して守らなくてはならない。初期段階で忍耐を持って臨まないと、事業は成長できない。それゆえ新規事業は収益ではなく、学習のための組織として編成されるべきだ。まっさらな（過去という重しのない）マインドセットと、反復実験を行う構造形態が必要だ。最新の非線形の未試験のテクノロジーを扱う場合、過去を忘れることは必須である。また、パーベイシブ・コンピューティング事業部が調査していたような、まだ定義の定まらない発展途上の市場が対象の場合も、過去を忘れることは必須である。パーベイシブ・コンピューティング事業部の経験が示すように、生まれつつある新規事業を、生まれつつある市場に投入するのを急ぎすぎると大きな損害が出る。

パーベイシブ・コンピューティング事業部は、パフォーマンス・エンジンを担当する部門のトップの管轄から外れ、ジョン・トンプソン副会長に直に報告義務のある専用チームが割り当てられた。トンプソンは、これまで困難なプロジェクトをうまく成功に導いたことで社内評価が高かったこともあり、パーベイシブ・コンピューティング事業部はBOX1の収支決算プレッシャーから守られることになった（四匹の猿の物語で、新入りの猿が既存の組織の洗脳を受けなければ、猿のグループは違う行動をとったことだろう）。

ガースナー（そして後にパルミサーノ）は、次の二つの基準に沿ってEBOのリーダーを注意深く選んだ。まず、IBM正統派の慣行に挑む「チェンジ・エージェント（訳注：変革の仕掛人）」であること、そしてBOX1の事業の強みをうまく活用できること。パーベイシブ・コンピューティングは、IBMの多くの事業部の資産や能力を必要とする「空白部分(余白)」のチャンスであり、一つの事業部だけで実行できるものではなかったからだ。

ガースナーは二〇〇一年の夏、パーベイシブ・コンピューティング事業部のトップとして、IBM勤務歴二一年のベテラン、ロドニー・アドキンスを抜擢した。実力派の技術者でリスクをとれる人物であり、指導力にも秀で、社内でも知られた存在だったからだ。直近では、IBMのウエブ・サーバー事業の業績を改善させたことで知られていた。IBMのような企業では、部門のトップに誰を据えるかは重要な意味がある。アドキンスは、こう回想している。IBMは「社内でもっとも優秀なリーダーたちにEBOを担当させました。これで、IBMがEBOプログラムにどれだけ真剣に取り組んでいるかというメッセージが伝わったはずです。トップクラスの人材は常に不足しているから、ルー(・ガースナー)自らがEBOのリーダー選びに関与したんです。そうでもしなければ、中核事業の部署は優秀な人材を手放しませんよ」。さらに、優秀な人材が自ら望んで冒険に挑むことも重要だった。

アドキンスは当時、会社の大きな部分を占めていた好調な事業を統括していたので、そこを離れることに多少の躊躇はあったが、IBMの幹部陣から説得されたのだという。IBMは「パーベイシブ・コンピューティング事業部に本腰を入れていると。本気だということは、表情を見ればよくわかりました」

アドキンスの起用は、IBMが本気で長期的にパーベイシブ・コンピューティング事業部に力を入れようとしていることを社内にも経済界にも知らしめた。アドキンスは、パフォーマンス・エンジンの内も外もわかっていたので、必要に応じて社内の資源や人材を集めることができた。EBOのどの部門も、いずれ高い職務能力や専門知識のある人材を社内から集める必要があった。もしアドキンスが外部登用だったら、パフォーマンス・エンジンから効率的に資源や人材を借りるために、まず信頼関係と自信を築く必要があっただろうが、すでに確立されたBOX1のカルチャーの中では、権限のある有力なリーダーにノーと言うのは難しいはずだ。

在職期間が長いスタッフほど、過去の遺産を引きずりがちなことは確かだ。このような問題を避けるため、ガースナーとパルミサーノは変化を喜んで受け入れるタイプの人材を社内で特定して起用した。さらにEBOプログラムが、組織のアーキテクチャー（構造、プロセス、経営カルチャー）の面でも過去の重荷を背負わないよう、予防戦を張った。加えて、トンプソンが過去を選択的に忘れる必要があることを説いて回った。「社内に（EBOを）嫌っている人がいたので、説得して回りました。時には実例を出して、誰かの面目を失わせることにもなりましたけど」[13]。ガースナーも同じようなコメントをしている。「IBMの一番の課題は増収でした。業務部長クラスには、中核事業にだけ専念していてはダメなのだということを理解させる必要がありました」[14]

新興ビジネスのリーダーには、事業を開花させるために必須の義務がある。その組織の伝説の成功がつくり上げた過去の物語を、新たなアイデアや方向性を示す物語に塗り替えて、組織のカルチャーを刷新するのだ。

その短期的な目標として、まずは非線形のイノベーションから生まれた新規事業をウイルス扱いして攻撃するのではなく、ＥＢＯの核心となる強力な後継事業に成長する可能性があることを、組織全体として受け入れるよう説得する。新しい物語で古い物語を完全に駆逐できなくても、長期的な変化を促すには有力な方法だ。その物語を、確信を持って鮮やかに表現するのが、リーダーの仕事である（マイクロソフトのＣＥＯ、サティア・ナデラがマイクロソフトの物語をどう刷新したかについては、コラム「マイクロソフトを生き返らせる」を参照のこと）。

物語を刷新するとは、どういうことか？　ガースナーがＩＢＭにやってきた頃、気づいたことがある。ＩＢＭ主催の顧客向けイベントで、ＩＢＭの幹部はほんの少し顔を出すだけで顧客と交流することなく姿を消すのが慣例となっていたことだった。これでは、幹部には他にもっと大事な用事があるという印象を与えかねない。顧客の知恵を借りるのが何より好きなガースナーは、愕然とした。ＩＢＭカナダの統括マネジャーだったビル・エサリントンは、北米のＣＩＯ三〇〇名を集めて二日間にかけて行われる会議があると知ったガースナーが、幹部陣に話したことを記憶している。「参加者は、我が社の最高のお客様です……。私は、会議の全日程に出席し、初日の晩もお客様と夕食をともにし、翌日の朝食も、ランチもともにするつもりです。ＩＢＭの役員で会議に出席する者は全員、二日間のすべての行事に参加してください」[15]

エサリントンによれば、会議の間、ガースナーは「顧客に自分から話しかけ、IBMの担当重役の名前を告げていきました。『その件については、この役員から今日の午後にはお返事させます』とね。CEOが顧客の傍《そば》についているなんて前代未聞だと、社内にはロケット弾を撃ち込まれたような衝撃が走りました」[16]

企業文化の刷新は、時間のかかる難題だ。物語を刷新することで新たな文化の種をまくには、ガースナーのようなわかりやすい指導力が欠かせないかもしれない。すでに確立した文化には、それを支える熱心で反射的な信奉者がいる。時には、そういった人たちの注目を集めるために、「社内にロケット弾を撃ち込む」ことも効果的かもしれない。

どんなタイプの組織のリーダーでも、折に触れてロケット弾の効果を学ぶべきだろう。例えば教皇フランシスコは就任以来、ローマ・カトリック教会の物語を大々的に刷新し、これまで支配的だった保守派のロジックに対抗している。彼は、教会のカルチャーを寛容でオープンで対話的な方向に変えた。謙虚さを強調し、儀式的な虚飾や厳格な教義の強制よりも、精神的な礼拝を強調することで新たな生命力を吹き込んだ。重要なのは、教皇が見せしめとして、改革に反対の声を上げた人たちをバチカンの高位から地味なポジションへと降格させたことだ。前述の面目潰しの教皇版と言えるだろう。

コラム

マイクロソフトを生き返らせる

きら星の如く輝かしいマイクロソフトの繁栄は、マイクロコンピュータの実用性の拡大に伴うMS-DOSというオペレーション・システムを基盤として築かれた。当初は、PCユーザーにとって重要な性能の空白部分を埋める形で、「マイクロソフト・オフィス」というツール一式をまとめて提供した。「マイクロソフト・オフィス」の成功は、MS-DOSとの優れたインテグレーションに負う部分もあった。後にそれが「Windows」、そしてその後継のオペレーション・システムへと引き継がれる。

この強みを最大限に活かすため、マイクロソフトはコンピュータ・メーカーに対し自社の製品「Office」、そして後に「インターネット・エクスプローラ」というブラウザをオペレーティング・システムとともにまとめて販売するよう圧力をかけた。PCメーカーは反発を覚えながらも、マイクロソフトのアプリケーションが搭載されていることが顧客の購入動機であることもわかっていた。マイクロソフトとPCメーカーの運命は、切り離せなかったのだ。一九九〇年代初頭には、マイクロソフトのBOX1事業である「Windows」搭載のPCが市場を支配していた。

だがその後、マイクロソフトは迷走を始めた。ビル・ゲイツが著書『未来を語る』でも認めているとおり、マイクロソフトは新たなコンピューティング・プラットフォームとして現れたインターネット、そしてデファクト・オペレーティング・システムとして登場したウェブ・ブラウザに不意を突かれた。マイクロソフトは変わりゆく世界の中で、生き残りを賭けてギリギリまで努力をしたが、シリコンバレーの新興企業が飛躍的な進歩を遂げ、先導役となっていた。

とてつもない成功を収めた組織が、どうして未来を予測することができなかったのか?「未来の弱点は、現在の強みの中に潜んでいる」からだ。BOX3のイノベーションは、BOX2の改善策から始まる。マイクロソフトは、ユーザーがより小型で便利なコンピューティング・プラットフォームを受け入れたら、PCの売上は落ちるという「弱いシグナル」をいち早く把握できなかった。なぜなら、彼らの成功の基盤であるPCを忘れることが非常に困難だったからだ。

二〇〇〇年以降、マイクロソフトは新興テクノロジーのほぼすべての分野で苦戦している。検索、デジタル音楽、スマートフォン、その他のモバイル機器、クラウド・コンピューティング、ソーシャル・ネットワーキング、そしてSNSに蔓延している回転の速いアプリ開発技術に至るまで。その代わりに彼らがやったのは、他社のイノベーションを改善もせず、ただ模倣しただけの機器の提供だ。現在のマイクロソフトは、ある意味で一九九〇年代のIBMと同じく存続の瀬戸際とも言える転換点にいる。

マイクロソフトも、IBMと同じく新興テクノロジーに気づいていなかったわけではない。だが、

BOX2に関しては、とてつもなく成功している企業であればなおさらのこと、新たな非線形アイデアを上手に育てて活用するためには必要以上に大きな重荷を取り除かなくてはいけない。シリコンバレーの新興企業は、なんの重荷もなく、すばやく順応できるのだから。

マイクロソフトは新しくCEOに就任したナデラの下で、BOX2の大きな一歩を踏み出した。二〇一四年四月、ナデラは就任からわずか二か月で、マイクロソフトが「Windows」のOSをスマホやタブレットのメーカーに提供すると発表した。モバイル機器に、マイクロソフトのプラットフォーム用のアプリやサービスを開発してもらえるようにするためだ。マイクロソフト創業以来の「ソフトウェアは有料であるべき」という信条は捨てることになったが、これで「モバイル・ファースト。クラウド・ファースト」[17]の世界でマイクロソフトが繁栄していくために必要なナデラのビジョンを受け入れる余地ができた。

ナデラは、ほかにもいろいろな方法で物語を刷新している。

- 彼は、マイクロソフト製品の実績向上につながることを期待して、かつて対立していた企業（オラクルなど）とベンチャー事業で協力、時には提携関係を結んだ。
- 彼は、「困難だが、必要な」行動として、一万八〇〇〇人の人員整理をした。[18]

・彼は、BOX3の新たな取り組みを阻害していたマイクロソフトの自己中心的な仕事のやり方を見直し、研究者と製品技術者の共同作業などを奨励した。

・新製品の「不具合」（タブレット「Surface」を悩ませたような）に厳しいことで知られるナデラは、組織全体に高い基準を設定した。

・全従業員に向け、伝統ではなくイノベーションを尊重するよう繰り返し語り続けた。

「我われの大胆な野心のように、我が社のカルチャーを刷新して進化させたいという思いも大胆でなくてはなりません」と、ナデラはMicorsoft.comに書いている。「我が社の中心戦略を実現するためにカルチャーをどのように変えていくべきか、どんな提案にも耳を傾けます。組織は変化していくのです。職務も発展していきます。新たな提携関係もできるでしょう。役に立たなくなった伝統は見直されます。我が社の優先事項も修正されるでしょう。新たなスキルも身につけることになります。新たなアイデアにも耳を傾けます。新たなスタッフも雇うでしょう。プロセスは簡潔化していくでしょう。あなたがマイクロソフトで成功して世界に影響を与えたいと願うなら、この変化すべき項目のリストに、あなたが情熱を持って取り組めることをチームとともにもっともっと付け加えてください」[19]

このマイクロソフトの新たな物語は、利益を生みつつある。ナデラの指揮の下で立ち上がったホロレンズ（コンピュータ化された「スマートレンズ」）、「マイクロソフト・オフィス」のタッチバージョン、Skypeトランスレーター（リアルタイムの翻訳ツール）などのイノベーションが、アップルの機器がもたらしていたような興奮を生み出しているのである。

戦略開発と資源配分

ＢＯＸ１の事業戦略は、比較的安定した市場、よく理解しているパラメータの中で線形に変化する。既存の顧客基盤があり、ニーズもきちんと理解され、時の試練を経たシステムやプロセスを使って、ビジネスモデルが効率的に運用されている。だが、ＢＯＸ３の戦略開発は、これとはかなり違う。新たな戦略プロセスをつくる第一歩は、「これまでのやり方を捨てる」というＢＯＸ２のアクションとなる。

パーベイシブ・コンピューティング部門はＥＢＯプロセスに組み入れられると、ＢＯＸ１の標準とは違う運用構造が採用された。この新規事業は、投資形態の開発部門の運営方式で計測された。そのためスタッフもまだ流動的な市場を査定しながら、辛抱強く実験を続け、戦略を練る機会を与えられた。

ＥＢＯは、本質的な部分で類似しているリサーチ・プロジェクトを一つの括りでまとめるために始めたのだが、それぞれ出発点の違うプロジェクトは協力するどころか、互いに競い合うようになっていた。アドキンスは、各プロジェクトを同じ戦略の下でまとめることを最優先事項として、何度も会議を開いて熾烈な議論を重ねた。これをやり遂げるには、パーベイシブ部門を超えて、ＢＯＸ１の資源を引き寄せる必要があった。

この一連の会議でパーベイシブ・コンピューティング部門が採用した共同開発プロセスが、ＩＢＭの新たな顧客中心主義のサービス提供事業の代表格となった。具体的には、その部門がもっとも利益となりそうな機会を見出した分野から選出した顧客と相互関係を結んで市場テストを行う。既存の顧客基盤のニーズに注目していたメインフレーム事業の遺産的なやり方と違い、この部門はほとんどの場合、まだニーズが表面化していない新たな顧客を得ようと競っていた。共同開発プロセスというアプローチは、ＩＢＭに発展途上の市場の実態を見抜く力を与えてくれた。「ほぼすべてのことは、市場実験から始まりました」と、アドキンスは話している。例えばパーベイシブ部門のチームは携帯電話メーカーと共同で、マルチメディア方式で大量のデータを表示できる新たなモバイルプラットフォームを開発した。その際に、顧客である携帯電話メーカーのニーズに合わせたサービスの開発もした。「後には他の顧客用にもつくれるように、固めていくんです」とアドキンスは言う。

パーベイシブ部門は当初、成長が見込める四つのプラットフォームを特定した。モバイルeビジネス、スマートカード、住居用ゲートウェイ（デジタル家電の統合、例えばテレビ、コンピュータ、ホームエンターテインメント・システム、電化製品）、テレマティックス（GPSなど、車内のコンピュータ）だ。市場実験をした結果、チームはモバイルeビジネスとテレマティックスの二つに専念すると決めた。

どんなEBOも、すべて市場実験が必要だ。覚悟を持って何度も実験に取り組むのは、まだ知らないことがあると認める謙虚な行いだ。これは、BOX3に内在するリスクを管理する方法でもある。パーベイシブ部門の市場実験を通じて、比較的ローコストで知識を増やすと同時に、特定の製品に関するイノベーション、提供可能なサービス、あるいは戦略そのものを固めることができた。

これで、BOX1とBOX3の重要な相違点が見えてきただろう。BOX1は、戦略を明確にするところから**始まる**（安定した市場、馴染みの顧客、実績のあるプロセス）が、BOX3はEBOの経験からわかるように、試験や仮説実験や学習を経て、明確な戦略を**実践する**ことになる。

この方法でパーベイシブ部門が開発した（最初は特定の顧客のために可能性を見極めるテストとして用いられ、その後、他の顧客にも利用されることになった）多くのテクノロジーには、IBMの既存事業の専門知識が必要だった。つまり戦略形成までの反復的なプロセスと、社内の他部門のリーダーから協力を取りつけてくるアドキンスのような部門リーダーは、直接つながっていたのだ。「初期段階で、自分の直接の管理下にないリソースも管理することを学んでいくんですよ」と彼は言う。

パーベイシブ部門の資源配分プロセスは、BOX1の事業の資源配分とは大きく違っていた。EBOでは、詳細な量的根拠やIRR（内部利益率）やNPV（純現在価値）に基づいて配分することはしなかったが、代わりに二つのシンプルな判断基準があった。アイデアに魅力があるか、そのチームに実績があるか。多数の小規模な低コスト実験に着手金を提供し、さまざまな方向へ広がった道の中から正しい道を選ぶ。そして、不確定要素が消えて戦略が明確になってきたところで資金を放出する。その部門に向けられた資金は「目的外使用禁止」として、BOX1の事業に戻すことは許されない。この部門はトンプソンの直接の管理下にあったので、この原則は守られた。アドキンスが言うように、「私の予算は比較的、守られていました。これは重要なポイントです。苦しい状況になったら、実証済みで実績のある中核事業に専念することになりかねませんから。EBOプロセスのおかげで、新しいことをやり遂げるのに必要な資金を確保できたんです」。

実績の評価と監視

ＥＢＯプロセスが見抜いたＩＢＭの抱える問題の核心は、事業の評価方法が一つしかないということだった。新興事業、成長事業、成熟事業といった発展段階に関係なく、すべての事業が同じ方法で評価されていた。ＥＢＯではＢＯＸ２の改善策を取り入れ、それまで唯一の評価方法だった短期的な財務評価法を廃止した。

新興事業の実績は、チームがどれだけ迅速にしっかりと実験から学習し、不確定要素を解明しているかを基準に評価されるべきだ。すでに実績のあるＢＯＸ１の事業については、上級幹部であれば正確な予想を立てたり、数字を見て簡単に業績評価ができるだろう。だが、パーベイシブ・コンピューティング部門のような新興事業は、常に進化し続ける戦略をいかに機敏に新たな情報に適応させているかで評価するべきだ。

この部門の社内スポンサー（最初はトンプソン、その後はハレルド）が、アドキンスと彼のチームの上級メンバーたちと会議をした際、話題の中心となったのは、戦略や市場開拓を市場実験などの新たな方法でいかに深めているかという点だった。

この部門の進捗状況をどう確認するかについて、アドキンスはこう話している。「純粋に短期的な財務上の評価は廃止となりました」。その代わりに、EBO管理チームとそのスポンサーは、プロジェクト・ベースの重大な節目ごとに評価をすることで合意した。「重大な節目は、将来利益の先行指標です」とアドキンスは言う。例えばテストに応じてくれた顧客の数、大手メディアで言及された回数などだ。「ジョン・トンプソンが戦略の裏に隠された潜在的な推論を試すよう、またその試験をきちんとできるよう後押しをしてくれました」

勢いを維持するため、アドキンスは節目となる画期的な出来事が成功するたびに、お祝いをして公表することが重要だと力説した。自分たちは正しい方向に進んでいるとわかると、チームのモチベーションも上がるからだ。社内の他部門も、「何か新しいことが始まっている。社内の他部門に関連するかもしれない何かが進行している」と知ることは、組織の利益にもなる。

その部門の節目の出来事が増えてきたら、財務上の評価方法を導入する。徐々に力をつけてきた事業は、学習段階から収益段階への移行期の兆候を示す。EBOは、ようやく補助輪が取れて成長段階を「卒業」し、有力なパフォーマンス・エンジンとなる。

IBMのような大企業では、この移行期が非常に重要だ。それぞれの移行期が諸条件の変化を示すからだ、とアドキンスは語る。「発展段階の違う事業は、適切な管理と評価方法で上手にサポートしないといけません。**既存の**事業であっても、**新興の**事業であっても、IBMの目的を果たす事業であることに変わりはありません。世界は常に動いています。いま新しいものもやがて『中核』事業となり、また次の新規事業を探さなくてはと駆り立てるのです」

だが、「それぞれ違うルールの下で」運用されているいくつもの事業を束ねて管理するのは「非常に難しい」と、アドキンスは語る。「BOX2は、長年の成功の歴史がある企業では特に難しいですよ。EBOの構造は、BOX2の困難な点を乗り越えるためのものです。EBOプロセスがすばらしいのは、最高幹部のサポートがあるので新しい市場を追求するという大難題に取り組むことができる点です。それも中核事業の卓越した業績を維持しながら……。いま振り返ると、EBOの哲学は我が社のカルチャーになっていますね」

IBMはEBOの枠組みの中で、過去を忘れるというBOX2の一番大切な義務を果たす行動一式を考案した。未来を築く日々の中で、先入観のない判断をして、しかも現在の重要な事業の邪魔をしないという行動一式だ。

ジニー・ロメッティ下でのIBM

二〇一二年、パルミサーノの後任としてバージニア(ジニー)・ロメッティが、女性初のIBM

会長、社長、CEOとなった。就任後の四年間は大変な時期となった。新たな事業が順調に成長する中で、稼ぎ頭だった事業の業績ががっかりするほど落ち込んだからだ。

ガースナーとパルミサーノの下での二〇年にわたる転換期は、廃れかけている事業の売却には焦点を当てていなかった。その代わりに、新しい冒険的な事業がBOX1の影響や妨害を受けないよう、新規事業を守るための新たな構造、マインドセット、運用プロセスなどをつくり出した。就任後のロメッティは、多少の人員解雇や事業売却をしながら、新規事業も推し進めた。スモール・サーバー事業を中国のレノボに、また、セミコンダクター部門をカリフォルニア州サンタクララのグローバルファウンドリーズに売却したのもこの時期だ。

ウォール・ストリート・ジャーナル紙は、二〇一五年四月の記事でロメッティの挑戦をこうまとめている。「彼女の任務はすぐに支配できる新たな市場へと舵を切ることであり、IBMをつくり直した過去のCEOとは違う。ロメッティ氏はもっと根本的な転換、つまり強みを発揮できないポジションであっても戦う企業に変えようとしている」[20]

そう、**まだ**強みを発揮できていないだけなのかもしれないのだから。CEO就任前のロメッティは、クラウド・コンピューティングやアナリティクスなど、IBMが優位に立てる可能性がある新興市場に進出することを支持しつつ、過去の遺産となっていたメインフレーム事業の改革にも協力していた。何度も言うが、「三つの箱の解決法」では、BOX1とBOX3の対立ではなく、共存を推奨している。アドキンスをはじめ多くの人が言っているように、どちらもそれぞれの目的を果たしているのだ。

IBMは、いまもガースナーがやってきたときと同じ転換期の真っただ中にいる。当時と同じく現在も、IBMの事業ポートフォリオは、過去の遺産とも言える事業と新興事業との混合だ。IBMのメインフレームとミッドレンジの製品ラインを脅かしていたPCの代わりに、いまはクラウド・コンピューティングと、マルチプラットフォームのパーベイシブ・コンピューティングが過去の遺産と言えるハードウェア、ソフトウェア製品を脅かしている。IBMは他業界と同様に、「アナログ紙幣」の収益モデルから「デジタル通貨」の収益モデルへと大転換中で、これが収益にも影響を与えている。二〇一五年初頭、IBMの収益は12四半期連続で減少し、株価も九・六パーセント下落した。[21]

ニューヨーク・タイムズ紙の二〇一五年七月の記事では、共食いの罠の危険を報じている。「テクノロジーの大きなトレンドは、IBMにとってチャンスでもあり、脅威でもある。注目に値するのは、ソフトウェアがクラウド・サービスとして遠く離れたデータセンターから送られてくるという転換だ。これはIBMのこれまでのソフトウェアへのニーズを減少させ、**顧客企業への価格決定力も傷つけることになる**[22]【強調筆者】」

BOX1のソフトウェア事業部にとって、新たな収益モデルへの転換は宣戦布告に思えるかもしれない。だが、企業というのはいくつもの部門が一つになった組織であり、ロメッティのようなリーダーには、未来に向かって新たな成長を促す責任がある。共食いは避けがたいものであり、否定するのではなく、管理すべきものだ。多くの企業がクラウドを頼りにするようになれば、IBMの顧客は新たなソフトウェアの配信や支払いモデルを要求するだろう。

タイムズの記事は、二〇一五年の第2四半期のクラウド・コンピューティングの収益は七〇パーセント上昇しており、このテクノロジーがついにメーター制課金事業になることも視野に入ってきたのではないかと書いている。変化はいつか必ず訪れる。どんな共食いも許さないと考えるのは、一時的な衝動に過ぎない。ロメッティは長期的な視点で考え、IBMを未来に向かって真っすぐ前進させるリーダーのように見受けられる。

次の第4章では、未来への土台が現在にあることを見ていこう。

重要ポイント

BOX2を満たしてから、BOX3を満たす。

まず忘れてから、学習する。学習には、自分がどれだけのことを知らないかを認める謙虚さが必要だ。BOX3の新規事業を始めるのは不確定要素がもっとも多い時期なので、これは必須事項だ。先入観のない白紙の状態が必要だ。なにか新しいものを創造する前に、BOX3から支配的論理の鎖を解き放つ必要がある。そうでないと、学習能力がかなり限定されることになる。

もっとも重い鎖でも、壊すことは可能だ。

事業が長いこと継続されていれば、それだけ成功の遺産も影響が大きく、その支配的論理を乗り越えることも困難になる。IBMがインターネット時代の到来で、ソフトウェアとサービスを提供する企業として転換したときも、ますます脅威となっていた「顧客は、長く使ってきた集中型のメインフレーム・コンピュータを愛用し続ける」という考え方を最初に捨てる必要があった。BOX2では、いろいろな方法で過去が未来を蝕むことを理解する勇気を持たなくてはいけない。

三つの罠——「自己満足の罠」「コンピテンシーの罠」「共食いの罠」は、不合理な例外ではない。

この罠は、自然に起こる避けられない現象なので、理解して、正面から立ち向かう必要がある。「三つの箱」のバランスがとれるまで、組織は過去の成功をもたらした戦略、能力、システムにこれまでと同じように予算をつぎ込むことを主張するだろう。

BOX1は共食いの可能性を恐れ、嫌う。そうすれば誤解されない。

IBMがビッグデータ分析、クラウド・コンピューティング、モバイル機器の融合といった新戦略に基づく事業に予算をつぎ込んだことで、過去の遺産とも言える事業のいくつかは悪い影響をこうむった。だからといって、これが最新テクノロジーから手を引く理由にはならない。

新しい戦略をつくる第一歩は、それまでのプラニングのプロセスを捨てることだ。

IBMが新規事業にも、それまでのプラニング制度を採用していたなら、パーベイシブ・コンピューティング部門は市場実験こそが、生まれつつある市場での新たな戦略を明確にする理想的な方法であると学ぶことはなかっただろう。

BOX1の組織は、非線形のBOX3のイノベーションを実践できない。

BOX3のプロジェクトは、それぞれ独自のビジョンや仕様に基づいたゼロベースの手法をとるべきで、特別チームを編成することが基本だ。すばらしいチームをつくるには、BOX2を前向きな濾過装置として活用すること。組織の標準的な習慣や先入観はふるいにかけて捨ててしまおう。代わりに、カスタム仕様の構造と、支配的論理にとらわれないオープンマインドを取り入れよう。

◆その精神で、BOX3はBOX1に絶対不可欠な成果に対する厳しい説明責任を果たさなくてはならない。

その代わりに、BOX3の成功を左右する非線形の転換についての推測は受け入れよう。このような推測は、きちんとした実験を実施することで試すのがもっともよい。

ツール

ツール1――組織のBOX2の問題を査定する

BOX1のパフォーマンス・エンジンのどの部分が、BOX3のアイデアや行動を開発することを脅かしているかを特定するところから、「選択的に忘れる」という行為が始まる。経営陣が批判的な目を持つには、「前に進むために忘れるべきなのは、この組織のどのポリシー、構造、研修、業績評価法、あるいはその他の要素なのか?」と問いかけることが不可欠だ。次のテーマで議論を進めると、経営チームが忘れるという問題に取り組みやすくなるだろう。

次の項目で、自分の組織に当てはまるものはどれか?

（5段階評価してみよう。1＝まったく同意できない。5＝非常に同意する）

・人材は、主に社内から登用する
・同質的なカルチャーがある
・我が社には強固なカルチャーがある
・従業員の勤続年数が長い
・新卒以外で、滅多に外部からの人材を採用しない
・外部から採用する場合でも、社内交流の仕組みがある
・長年の成功の実績がある
・我が社の支配的論理は、「成功していることの邪魔をするな」
・我が社の経営陣は、勤続年数が長い
・我が社の経営陣は、ほぼずっとこの業界にいる
・我が社の経営陣に外部の人材が採用されることは、滅多にない
・財務上の短期的な目標達成を奨励するような、業績重視の傾向がある

以上の一二項目で総得点が三六点以上の組織は、「忘れる」という課題に非常に大きな困難を抱

えている。この環境を内側からどう変えていけばいいだろうか？

ツール2――組織のBOX2の信条を特定する

このツールの発案者は、ヒルケ・フェイバーである。

組織が決断を下すときに支配的な力を持つ「鎖」、あるいは正統派と思われている考え、つまり異議を唱えることは許されない、変わらない真実と思われているものを素直な目で見てみよう。四匹の猿の物語のように、この「真実」は時に目に見えず、言葉として発することもない。「三つの箱の解決法」をつくっていくには、この鎖をはっきりと視覚化して、それを統制がとれたBOX2の行動を通して転換していくことになる。

表3-1　我が社のBOX2の課題

分野	鎖/限定的な思考方法	BOX3の将来性に与えかねない影響
会社	「我が社は世界で一番だ」	外部との提携機会を制限する。 「我が社で発明していない」症候群。 市場の「弱いシグナル」から学ぶ機会が制限される。 例：ライバル社などから。
顧客	「顧客は我が社に忠誠だ」	新規顧客への関心を制限する。 本当は違うかもしれないのに、長期的関係を前提条件とする。
ライバル社	「マーケットリーダーに追いつくのは無理」	大きな賭けに出ない。 社内の型破りな人材の力を過小評価。
監督機関	「絶対、許可してくれない」	目標を実現するための他の方法を探そうとしない。

出典：この表は、コンスタンシーの創設者、ヒルケ・フェイバーの提案による。

組織、顧客、ライバル社、監督機関などへの窮屈な考え方といったものが、「鎖」をつくっているかもしれない。つまり、支配的論理を安泰にするためのあらゆる推論だ。これが、将来の価値創造への可能性を閉ざしかねない。経営陣は、表3－1を作成してみよう（「テクノロジー」など、ほかの分野を追加してもよい）。

ツール3――BOX2とBOX3の考え方を円滑に進めるため、組織の何を変化させるか、目標を定める

- サティア・ナデラは、マイクロソフトが変化と協同体制を受け入れるよう、物語を刷新した（コラムを参照）。簡潔に、あなたも組織の物語を語ってみよう。BOX3のパワーを活用するには、その物語を刷新する必要はあるだろうか？　そうであるなら、どのようなやり方で刷新すべきか？
- BOX3の成功は、BOX2の行動にかかっている。つまり、BOX1のビジネスモデルの中核にある定義や方策を忘れることだ。「顧客は誰か？　どのような価値を提供するのか？その価値をどのように届けるのか？」というビジネスモデルを決定づける基本的な問いの答えが、習性として身体に染みついている場合、戦略そのものが正当派的な慣行となっている

かもしれない。ＢＯＸ３には、これらの問いに違う答えを出せるような自由が認められないといけない。また、中核事業の収益を食ってしまうかもしれない選択肢を実行する自由も認めよう。ＢＯＸ３がＢＯＸ１のビジネスモデルの支配的論理を払拭するために、組織内のシステム、構造、プロセスなどについて、どのようなお膳立て、準備をするべきだろうか？

・ＢＯＸ３では、ビジネスモデルが変われば、要求されるコンピテンシーも変わることを認識しなくてはならない。ＢＯＸ３が人員補充の方法や、徹底して卓越した状態を維持するための方針について自由に定められるよう、人材確保のプロセスをどのように変えるべきだろうか？

・ＢＯＸ３がＢＯＸ１の実証済ビジネスモデルの活用を忘れ、新たな可能性を探求できるように、業績管理システムにどのような変更を加えるべきか？

・ＢＯＸ２の行動として、業績が予想を下回る事業、また組織の戦略にそぐわなくなった事業を特定する（本章の最初のコラムに登場したＴＣＳのコールセンターのケースのように）。ここで特定された事業は、売却事業の候補となる。

第4章

現在を管理する

ほとんどの企業は、ＢＯＸ１の現在の事業にほぼ全力を傾けるので、私は自分の考え方を説明する際にどうしてもＢＯＸ２とＢＯＸ３の作業のほうに重点を置く傾向にある。この二つの箱が、未来の事業を創出するためにどうしても必要なツールなのだ。とは言え、ＢＯＸ１のパフォーマンス・エンジンもＢＯＸ３の創出を可能にし、それを支えていくために重要な役割を担っている。最高の効率で運用されているＢＯＸ１は、企業にとってはドル箱だ。その継続収益は現在進行中の線形イノベーションを育てる原資となり、そのイノベーションが現在の商品構成を改善したり、既存のビジネスモデルを最大限に活用する道を開いてくれるはずなのだ。ＢＯＸ１は、ＢＯＸ３の冒険的事業の大切な資金源にもなる。さらにＩＢＭの事例で見てきたように、ＢＯＸ１の特別な専門知識・技術や市場アクセスによって、ＩＢＭのパーベイシブ・コンピューティング部門から生まれたような、将来の事業部門を開発する非線形の実験を行うことができる。

ＢＯＸ１の価値は、誇張してもしすぎることはないほどだ。私がかつてともに仕事をしたバンガロールのアドビ・システムズ（訳注：二〇二〇年六月にアドビに社名変更）のマネージング・ディレクター、ウマング・ベディもＢＯＸ１のことで頭がいっぱいだった。「ＢＯＸ１の業績を最大限にするには、中心となるリーダーたちと運営のメカニズムをつくり、大切な指標を毎週のように評価しなくてはいけません。さらにスタッフと顔をつきあわせて、仕事が本当にきちんとできているかを確認する時間も必要です」。ＢＯＸ１の景気が良くないと、ＢＯＸ３もあり得ないことを彼はよくわかっていたのだ。

BOX1の事業がうまくいかなくなったり、時間の経過とともにパフォーマンス・エンジンの運営効率が落ちた場合は、緊急に事態を修正する必要がある。そこで本章では、世界最大の機器レンタル会社、ユナイテッド・レンタルズ（URI）がどうやってBOX1の事業を立て直したか、じっくり見ていくことにする。当然ながら目先の業績回復が緊急の目標だったが、CEOのマイケル・J・ニーランドはBOX1を修正しない限り、長期的な成長など見込めないことがわかっていた。

URIは、統制がとれた修正を行えば、BOX1の業績も健全化することを示している。さらにBOX2の「選択的に忘れる」作業が、BOX1の業績を継続的に改善して再生していくためにも不可欠であることも教えてくれる。

以前の私は、BOX2は、BOX3の未来をサポートするだけの作業だと思っていた。だが、秀でた理論を打ち立てるには、新たなエビデンスを柔軟に受け入れなくてはならない。私はURIの経験を学んだことで、自分のアイデアを再考し、その幅を広げることになった。その結果、いまの私は「三つの箱」の相互関係はよりダイナミックにバランスをとる作業だと考えている。どの事業も、日々、常に管理しながら、忘れながら、線形の現在と非線形の不連続の未来を創造し続けているのだ。

三重苦
――危機的なBOX1

買収交渉が決裂し、権力の空白ができ、大恐慌以来の経済危機が中核事業に大打撃を与えた。二〇〇七年から二〇〇八年にかけて三つの悲劇がURIを次々と襲い、三五ドル近くあった株価は二〇〇九年三月には三ドルにまで下落していた。それでもURIはその後の数年間で、回復力、創造力溢れる力強い戦略によって、まさかの逆転劇を果たした。よく考えたうえで進めていた買収案が完全にひっくり返って失敗したことが、実は幸福につながったのだ。

悲劇が続いていた当時、URIのCEO代理を務めていたニーランドは、この危機で会社がぼろぼろになるのではと感じていた。やがてニーランドは、経営陣と取締役会の支援を受けて新たに取締役会長に選ばれたジェンヌ・ブリッテルとともに、BOX1の大々的な立て直し作業をして、URIをかつてないほどに力強く、賢く、健全な企業に変えることになった。この大転換によってURIは、自分たちの力の及ばない景気循環の影響から距離を置くことができ、そのおかげでBOX3のアイデアやチャンスを実現する準備ができた。その結果、二〇一五年に株価は七五ドルに戻っていた（株式時価総額が六年間で二五倍になったことになる）。

世界最大の機器レンタル会社であるＵＲＩ（二〇一四年の総収入が五六億八五〇〇万ドル）は、工業会社、建設会社、公共事業体、地方自治体、政府機関、その他の組織を顧客としている。[1] 多種多様な分野の機器を扱っており、（二〇一五年初頭時点では）およそ八四億ドルの初期費用をかけた四三万機の機器を保有している。ＵＲＩのレンタル機器は、排土機、高所作業車、動力工具、空調システム、ポンプ、安全装置など多岐にわたる。

ＵＲＩは一九九七年の設立以来、主にターゲットを定めた買収戦略（最初の六年間で二五〇件）で顧客や営業地域を増やし、業務能力を上げてきた。地元密着の小規模業者が大半を占める業界で、ＵＲＩはできる限り短期間に全米規模の業者となることを成長戦略としていた。[2] 一九九八年に総収入は一二億ドルとなり、設立からわずか二年足らずで全米最大規模の機器レンタル会社となった。

二〇〇七年、ＵＲＩは複数のプライベート・エクイティ会社から買収対象候補として注目されていた。その年の七月、サーベラス・キャピタル・マネジメントがＵＲＩに対して、一株当たり三四ドル五〇セントの買収を申し出た。一一月、買収交渉の締結直前に、突然、サーベラスは理由を明らかにしないまま、買収案を撤回した。ＵＲＩはサーベラスを契約不履行で訴えたが、一二月下旬に裁判所は「サーベラスが一億ドルの違約金を支払うなら、買収撤回の権利を認める」判決を出した。サーベラスはそれに従い、違約金を支払った。

買収の撤回は衝撃だった。URIの取締役会や経営チームは、すでに二〇〇七年夏から新しい経営体制に移行するための管理組織に移行しており、会社の創立者である会長、CEO、そして取締役会の何人かのメンバーは売却手続きの間に退任していた。ニーランドはその頃、最高執行責任者（COO）から管理者としてのCEOに昇格し、買収手続きにまつわる調査活動などを任されていた。

身売りするとなると、これまでになく業務を短期的な視点で見ることになる。買収交渉自体が戦略となり、ほかの戦略は視野から消える。現在の戦略の多くは、それまでとは違う未来に向かう。会社に残る者にとっては、新しい経営陣が何をやるつもりなのか、さっぱりわからない。ところが二〇〇八年一月、すべての状況がひっくり返った。サーベラスが買収案を撤回したことで、前に向かおうとしていた会社の勢いがストップした。正式なCEOもいなければ、取締役会長もいない。取締役会には空席がいくつもある。さらに経営トップの不在で会社が今後どうなるのか、従業員全体に不安が広がった。

レンタル機器業界で三〇年以上の経験を有するニーランドは、一九九八年にURIに入社した。その後の一〇年間で愛社精神を育んでいた彼は、買収決裂後に何が起こるのか、具体的な物語が描けるよう、決断力を持って行動しなくてはいけないと感じていた。何がいけなかったんだろうと、くよくよしている時間はない。「過去は変えられません。変えられるのは、未来だけなんです」と、彼は話してくれた。[3]

URIの前COOだったニーランドは、戦略ではなく実際の業務を担当してきた。「COOに意見を聞く人なんていませんよ。COOに求められるのは、実行力なんですから」と彼は言う。だが当時、URIには緊急の課題が二つあることを彼は認識していた。リーダーの不在に対処することと、新しい戦略の方向性をはっきりと示すことだ。URIの取締役会が正式にCEOを探しはじめたとき、ニーランドは手を挙げた。

二〇〇八年前半は、不吉な経済ニュースが続いていた。三月には大手投資銀行ベアー・スターンズが破綻して、JPモルガンに端金《はしたがね》で買収されるという考えられない展開に金融界は動揺した。身近なところでは、URIの最大の顧客セグメントである建設業界でも不況の風が吹きはじめた。URIには、全米規模でCEO探しを展開する時間の余裕はなかった。ニーランドは、新たなリーダーに会社を任せるにせよ、自分が陣頭指揮を執るにせよ、すぐに行動を起こす必要があった。彼はその第一歩として、新戦略立案のためにコンサルティング会社のベイン・アンド・カンパニーを雇った。

二〇〇七年七月から年末にかけては、まだサーベラスの買収案が決裂していなかったので、URIは新たに取締役を指名したり、重役を雇うことはできなかった。だが、買収が撤回されて法廷闘争が始まり、そのような拘束から解き放たれた取締役会の残りのメンバーたちはトップの不在に対処し、新たな方向性を示すべきだと表明した。二〇〇八年六月、取締役会は最新の役員であるジェンヌ・ブリッテルを取締役会長に指名した。

二〇〇六年一二月に、ブリッテルはＵＲＩの取締役会に入ったが、初めて取締役会議に出席したのは二〇〇七年四月のことだった。そこで初めて、プライベート・エクイティ会社への売却案があることが発表され、それ以降、取締役会の審議は売却に向けての準備事項が主なテーマとなった。

ブリッテルは会長の席に惹かれてはいたが、自分はＵＲＩでは新参者だとも感じていた。自分よりＵＲＩでの経験が長く、業界に詳しい役員もいたので、当初、彼女はこう返答した。「もっと経験のある方のほうがいいんじゃないでしょうか」

むしろＵＲＩでの経験が浅いことがいいのだと、彼女は反論された。ブリッテルは金融サービス業での経験が長く、前職ではＧＥキャピタルの国内、および海外の業務を管轄する上級役員を務めていた。また彼女は、複数の企業の取締役にも名前を連ねていた。ＵＲＩが新たな方向性を目指すなら、取締役会には幅広い視点が必要だった。「君なら、何事も新たな視点で見てくれるだろう」と、彼女はある役員から言われたという。彼女は「取締役会が満場一致で会長に選ぶなら、お引き受けします」と答えた。

難題
——BOX1を修復する

URIは、苦しい世間の経済状況をどうすることもできなかったが、それ以外にも彼らを苦境に追いやる要因がいくつかあった。会社が買収される際、その手続きを進める中でさまざまな動揺や混乱は避けられない。URIがサーベラスとの交渉に関わる間、経営陣の目もそちらに向いていたため、社内には会社の今後がどうなるのか不安視するムードが広がり、それが危機への対応能力にも影響を与えた。買収の話がなくなると、二〇〇八年には、この不安に追い打ちをかけるようにリーマンショックで経済状況が悪化。二〇〇九年も悲惨な状況は続いた。URIの顧客の多くが、景気後退の影響を受けやすい建設業者であったことに加え、もう一つの彼らの得意先であった地元密着型の比較的小規模な事業者も景気の落ち込みの影響を早いうちから受けていた。

もう一つ、構造的な問題もあった。URIは成長のスピードが速かったからこそ、サーベラスのような企業が目をつけたのだが、その成長速度が不景気の影響をさらに拡大する要因となった。URIは買収を重ねることで急速に成長して大成功を収めていたのだが、その結果、資産のポートフォリオの合理化を迫られていた。さらに買収のペースがあまりに速かったので、新たに買収した会社の多くはそのまま放置され、その結果、さまざまな実務慣行がごちゃまぜになり、多くの顧客を混乱させ、時には激怒させることになった。

URIは、さまざまな部署や事業を明確な戦略の下にうまく連携させる必要があった。また、組織編成、運営、社内のカルチャー、価値観をもっと顧客のニーズに応じた形に転換することも目指した。彼らは最終的に、一つか、二つのカゴに卵をたくさん入れすぎている状態であることに気づき、顧客基盤を多様化させることにした。そうすれば、現在、主要な顧客層となっている景気の影響を受けやすい中小企業や建設業者への依存度を減らすことができるからだ。

戦略とチャンスの並べ間違い

ニーランドによると、設立当初のURIはなるべく早くクリティカル・マス（訳注：商品・サービスを広く普及させるために最低限必要とされる供給量）に到達することを成長目標にしていたという。「数の力で、機器の購入はもちろん、事業全般において競合優位性が持てるからです」。買収を進めることで、分散したいくつかの地域に集中するのではなく、全米各地に広く事業展開することも目指していた（URIの本社はコネティカット州スタムフォードにある）。

ベインの分析結果は、URIは中身のしっかりした資産や強みを多く保有しているが、それを上手に活用する戦略に欠けているというものだった。ニーランドもこう言っている。「我が社はクリティカル・マスに到達し、大きな存在感があったにもかかわらず、地元から飛び出すことのない小規模な会社だけを取引先として追っていたんです」。設立当初からの戦略で、すべての顧客はその規模にかかわらず、ほぼ同等に扱われていた。その結果、URIは大口顧客の地理的な「ポータビリティ」という重要な利点を見逃していた。どこか一か所で取引の連絡があれば、URIはそれを複数の州に振り分けることもできたのだが、実際には、すべての得意先はそれぞれ地元レベルで取引をしていた。つまり、大口顧客もURIの各地に散らばる地元の事業所ごとに取引をして、それぞれが連携することなく、ともすればそれぞれに違うやり方でサービスを受けていたのである。

同じ顧客が、過剰なサービスと不十分なサービスを受ける

URIの戦略は、最優良顧客の多くを満足させていなかった。ベインは、URIの重要顧客の幹部と延々と面談を重ねた。時折、ニーランドも同行した。「ある顧客から、一七枚の名刺を見せられました。ほとんどがURIの名刺でした」とニーランドは言う。「『今回は誰がうちの担当を

してくれるんだ？　もっとわかりやすくしてくれよ。首を絞める相手（窓口）は一人で十分だ』と言われたんです」

ベインからは、明確なニーズに応じて顧客を三段階に分類し、それぞれに対応するよう提案があった。全米アカウント、地方アカウント、地区アカウントに分けて、地区の顧客は通常は各営業所レベルで対応する。ただし、ＵＲＩの大きな存在感が顧客にとってもＵＲＩにとっても、情報、運営、経済面でメリットがあるなら、専門の担当営業チームをつくって、全米・地方アカウントで対応する。

大口顧客は規模の経済の恩恵も受けられるし、レンタル発注分をまとめて連携して管理できるうえに、そこから出てくる実現可能な情報も拾い上げることができる。ＵＲＩ側からすると、このタイプの顧客のほうが不景気にも強かった。特に全米規模の顧客は、景気が下降局面に入っても、リソースや経済活動を一つの地方から別の地方に移動させることができる。それでＵＲＩとの取引に変化が生じても、すでにＵＲＩとの間に信頼関係は築かれているので、どこに行ってもフォローできる。

残念ながら二〇〇九年時点のＵＲＩは、このような戦略を推し進める体制も動機も持ち合わせていなかった。ＵＲＩは、その地区を絶対的な地盤として運営されてきた営業所の大々的な集合体だったのだ。買収される前の小規模事業所時代のビジネス慣行を、そのまま行う営業所の集合体だった。「事実上のＣＥＯや、ＣＦＯが五〇〇人もいたようなものですよ」とニーランドは言う。「担当地区ごとの販売管理から、顧客ごとの販売管理にシフトしなくてはいけなかったんです。それが私たちには、劇的な変化だったわけです」

営業所同士が利益を争う

この「王様気質」のわかりやすい例を、ニーランドは顧客との面談で耳にした。例えば顧客が高所作業車を借りたいと、いつも取引をしているＵＲＩの営業所に行ったところ、その機械はなかった。しかし所長は、市内の別のＵＲＩの営業所にその機械がないか、問い合わせようともしない。給与や報奨金は営業所レベルで決まっていたので、自分の営業所の利益さえ上げればいいと思うのが自然の流れだろう。その営業所の収益にならないのであれば、「申し訳ありません」と言って顧客を追い返すことになる。

このようにうまく連携がとれていない事例は、特に珍しいことではない。急速にクリティカル・マスに到達しようとする成長戦略の場合、買収した事業を完全に統合するのは成長目標が達成されたかなり後になる。前の取締役会が推し進めた成長戦略は偉大な功績ではあったが、いまの喫緊の課題はやり残したことを片づけながら、同時にＵＲＩの戦略をビジネス機会と結びつけることだとニーランドは考えていた。

答えが見えてきた

短期間にURIの株価が、九〇パーセント以上も下落したという最悪のニュースが入った。だが、経営陣と取締役会は、URIの成長資産は健全であり、明確な戦略とそれを支える経営手腕によって資産を活用していけると結論した。これは良いニュースだった(表4－1を参照)。

重要な得意先には「一つの窓口(絞めてもいい首)」を決めて、URIも地理的に移動可能なメリットを得るため、その規模を利用して、もっと大企業との取引を拡大していくべきだとニーランドは考えていた。さらに、事業法人の顧客基盤を多角化する必要もあった。そうすれば、得意先が建設業に偏るというリスクを減らすことができる。

ニーランドがベインを雇った理由の一つは、それまで実務畑を歩んできた彼が、会社の戦略を改善しなくてはいけなくなったからだ。しかも当時、彼はまだCEO代理の立場に過ぎず、会社は正式なCEO

表4－1 BOX1の特徴的な原則と活動

戦略	客観的データを分析して、戦略を明確にする。
実行	明白な結論に基づき、統制がとれたやり方で戦略を実行する。
支援	時間をかけて実行を計測、最大化、維持するためのシステムやプロセスをつくる。

を探している最中だった。URIの取締役会には残留メンバーもいたので、彼は自分の意見が前経営陣への批判と曲解されることも恐れていた。会社が直面している問題をきちんと把握し、それにどう対処すべきか、わかっていたつもりだが、第三者としてのベインの視点が彼の意見を後押ししてくれたのだ。

ベインだけでなく、ニーランドも経営チームをつくるという恩恵を得た。CFOのビル・プラマー、COOのマット・フラネリー、そしてジェフ・フェントンが率いる強力チームだ。フェントンは当初、サーベラス・キャピタル・マネジメントのパートナーとしてURIを担当していたが、その後、企業戦略担当のシニア・バイス・プレジデントとしてURIに入社した。結局は実現しなかった買収案を進めていた時期、フェントンとニーランドはコストの相乗効果や資産効率を改善するための機会を特定する作業をした。このとき、二人が立てた「作戦」が、二〇〇八年と二〇〇九年に非常に役に立つこととなった。

二〇〇八年の晩夏、ニーランドは経営チームとともに作成した戦略の最終版を発表した。まずジェンヌ・ブリッテルに、その後、取締役会に見てもらった。ブリッテルと役員たちはこの戦略を縦横に論じ合った結果、提案に同意し、ニーランドに正式にCEOとなるよう要請した。

URIの営業経費を削減するという短期的な差し迫った問題はあったが、ニーランドの戦略は幅広い長期的な計画だった。「市場への参入方法、考え方そのものを変える必要がありました。社内の評価基準も。そのうえ、報酬の制度も変えなくてはなりませんでした」(図4-1を参照)。

BOX1を好転させる

二つの利点

複数の問題に直面したURIには、二つ利点があった。まずサーベラスが手を引いたことで、彼らは業界他社が世界金融危機の影響を受けるまる一年前から、緊急の危機的状況に直面していた。つまり、競合企業が慌ててコストカットに走りはじめた頃、URIはすでに経費削減を済ませ、もっと長期的な戦略に取り組んでいたのだ。フェントンは、URIが野心的に顧客に取り組む転換点になったと話す。「経済状況が最悪の時期でしたから。これで、URIは競合企業を引き離しました」

URIの原価管理の努力は、ニーランドの大きな戦略の一つとして、二〇〇九年一月に「団結作戦」として発表された。企業がコスト削減をするときは、全社一律で一気にやってしまうことが多い。だが、URIはコスト効率を実現するため、ターゲットを絞って戦略的に行うことにした。サーベラスとの交渉中にニーランドとフェントンが行った最初の分析で、もっとも望ましい業種編成（全米規模の得意先、工業と建設業の連合体）の顧客を持つ営業所を含め、好業績の営業所は特定さ

図4-1 URIはいかにパフォーマンス・エンジンを再建したか

れていた。「我われは、約一五〇の営業所を減らしました」とニーランドは語る。「永続的なコストを二億五〇〇〇万ドル、減らしたんです。総額で五億ドルです」

ＵＲＩの二つ目の利点は、機器レンタルという業界が比較的、未熟な状態であったことだ。機器レンタルは一九六〇年代から七〇年代にかけて、それぞれの地域の主に小規模建設会社やＤＩＹ愛好者を顧客として、地域ごとに小規模業者がだんだんと開業してできあがった業界だった。その状態がしばらく続いていたが、一九九〇年代に大規模事業社が参入してきた。その大半は、ＵＲＩのように地域や地方の業者を買収して成長した。世界金融危機の頃には、大きな存在感のある会社はＵＲＩを含め、ほんの数社しかいなかった。

「団結作戦」が始まった頃は、ＵＲＩが全米規模の経済の中で存在感を示し、しっかりした競争力というメリットを顧客に提供できる企業に生まれ変わるのに必要な経営構造、テクノロジー、プロセスを、まだ誰もまとめていなかった。だが、これがニーランドの戦略が描いていたビジネスチャンスだった。機器レンタル業界の形を変えるという野望だ。

業績の測定基準

ニーランドが契約したコンサルタントは、あらゆる種類の顧客が機器レンタル会社とどのような関係を望んでいるかについて、宝の山とも言える見識を蓄えていた。その中に、KPI（重要業績評価指標）というリストがある。

・必要な機器を時間どおりに提供する
・必要な機器をURIのどこの営業所でもよいから調達する
・機器が故障した場合、至急対応する
・迅速に明確で正確な請求書を出す

KPIは、すべての顧客に対して最低限やらなくてはいけないことだ。だが、URIの現在の戦略は、それぞれニーズが異なる三段階の顧客を管理していくことにある。全米規模、あるいは地方規模の大企業には、さらなる要求事項やビジネスチャンスがある。次第に大企業の顧客は、機器レンタルを設備投資費削減策として、また固定費を変動費に転換する策としてとらえるようになった。

「いまでは市場も顧客も、我が社を機器会社と見ています」とフェントンは言う。「事実、そうなんですけどね。ですが我が社は顧客のために、もう一つの目的も果たしています。生産性の問題、そして資本の問題を解決しているんです。顧客が何千万ドルもする機材を所有しなくていいように、我が社がリスク管理のお手伝いをしているわけです。機器を購入して、メンテナンスをして、移動させて、(古くなったら)売却することが顧客にとっての中核的なコンピテンシーではありませんから」

このような理由から、レンタル企業から借りられる機器の量と、個別企業が所有する機器の量を対比すると、「レンタル普及率」は時間とともに業界全般にわたって上がっている。一九九〇年代以前は、レンタル普及率は五～一〇パーセントだったが、一九九〇年から二〇〇七年の間に四〇パーセント近くまで上昇している。URI、そしてライバル企業にとっても、レンタル普及率は業界の健全性を判断できる基本的な測定基準だ。

だが、目先で見ると、ニーランドがもっとも関心を持っているのは、URIの営業所レベルで健全度が改善しているかどうかを評価する基準である。まずは「王様気質」を克服しなくてはいけないが、これはBOX1の土俵で、BOX2の「忘れる」作業をするという応用版だ。そこで以後、営業所長が管轄する営業所の業績のみに基づいて報酬を得る制度は廃止された。所長は、その地方全体の業績に基づいた評価も受けることになる。この目標を達成するため、営業所は互いに競い合うのではなく、協力しなくてはいけない。レンタル機器は「各営業所が所有している」と考えるのではなく、従業員も所長も、機器は「この地方全体の共有資産であり、顧客のニーズに応じて自由に共用し供給されるものだ」と意識する（ニーランドは、協力体制に不備があった場合は容赦なく罰するという戦略を立てた)。

それまでとは違う新たな行動が広く受け入れられるよう、監視と測定も必要だった。URIの各営業所の最新業績を理解するには、ITによるデータ収集が必要だった。URIは、各営業所が顧客対応のビジネス目標を達成しているかを測定できるコンピュータ・システムを公開した。それを営業所ごとに装備させ、この新しいツールを使えるように営業スタッフや営業所長に研修をさせた。

ニーランドがつくりたかったのは、顧客は何を求めているのか、URIがそれにどう応えられるのかを常に知ろうとするカルチャーだった。つまり、この新しいシステムは基本的なKPIに基づく営業所や地方ごとの業績を測定することを目的としていた。KPIは、全顧客はもちろん、顧客層ごとのさまざまな指標にも応用できた。例えば、地方の支店や地区の各営業所は、全米規模の得意先をどれくらい積極的に活用しているか? もし地区の営業所や地方の支店に占める全米規模の得意先の比率が平均二〇パーセントであったなら、なぜ、この営業所は五パーセントという異常値を示しているのか?

URIに限らず、機器レンタル業界では全般的に、顧客がやってくるのをオフィスで待っているという昔ながらのカルチャーが染みついていた。ところが飛び込み客というのは、実は一番コストのかかる顧客なのだ。なぜかと言えば、対応に多くの手間をとられるうえ、注文も比較的小規模なものが多く、今後、定期的に大口レンタルをする可能性が低いからだ。それとは逆に、定期的に発注があり、すでにＵＲＩと関係を築いている大口顧客は収益一ドル当たりの顧客対応コストがかなり低い。そこでＵＲＩは積極的に基準値をつくり、大量にレンタルする顧客との関係を結んでいくための報奨金を盛り込んだ。このいわゆる「割り当て顧客」については、窓口を一本化した。ＵＲＩが営業している全米各地の都市、州、地方の中の一か所に統一して、「絞める首」を一本化したのだ。

ＵＲＩの測定システムはリアルタイムのフィードバック・ループとなり、営業所や地方の支店の説明責任の推進力となった。営業担当者や営業所長はこのシステムを使うことになっていたが、ニーランドはこれに特に注意を払った。「みんながこのシステムをどう活用しているか、注視しました。ＩＴ部署に行っては、『稼働状況を知りたい。誰がこのシステムにサインインしていて、誰がしていないか、見せてくれ』と。そうすれば、私に『はいはい、ちゃんとやっていますよ』と言いながら、実際にはやっていないスタッフがいても、わかりますからね」

ニーランドは、ＵＲＩがもっと団結し、互いに協調し、きちんと統制のとれた姿勢で三層に分類した顧客に対応していけたら、市場はすばらしい業績という形で報いてくれるだろうと考えていた。長期的に見て、ＵＲＩがビジネスを新しい形につくり替えることができれば、レンタル普及率が六五〜七〇パーセントに上がることも夢ではないだろうと。

豊富な人材をさらに増やす

ブリッテルは、空席となっていたＵＲＩの取締役の席を特定分野の専門知識を増強するために利用した(詳しくは後述)。ニーランドも自分の経営チーム増強のため、二〇〇九年から同じような取り組みをした。第2章で取り上げたキューリグが、ＢＯＸ3のイノベーション能力を高めるため、ＣＴＯだったケビン・サリバンがあえて家電専門家を採用しなかったことを思い出してほしい。その代わりに、サリバンは業界外部から航空機のエンジニアなどを探してきた。彼の目標は、非線形の思考を推進することだった。ＢＯＸ1でのニーランドの目的はそれとは違い、線形の枠組みの中で、いくつかの特定分野においてＵＲＩの全体的な専門知識を高めることにあった。営業、マーケティング、戦略、ビジネス開発において、彼は少数のシニア・エグゼクティブを増強したのだ。全員のレンタル業界での経歴を合計すると一四〇年にもなった。

この補強（フェントンも含む）により、ＵＲＩは中核ビジネスに集中でき、営業所のカルチャーや言動の改革、三層マーケティング戦略、そして基本的なビジネスプロセスの最適化を進めた。いまだ発展中の機器レンタル業界では、線形イノベーションを実行するチャンスがまだまだあったのだ。

測定基準を情報商品にする

URIの戦略は、業績データ収集力を強化することで、もっとも利益率の高い全米規模、および地方規模の顧客に長期的に新たな付加価値を提供できる可能性も見据えていた。窓口を一本化するのは戦術的にも重要だった。だが、もしURIが顧客のレンタル利用についてコストを含め、より効率的に、また利用者の安全認識を高めるといった総合的な管理のお手伝いまですることができたらどうだろう? URI自身の業績評価のためにITシステムとプロセスを開発したが、その次のステップとして、こう考えるのは理に適ったことだった。これを実施すれば、その副産物としての利用データが収集され、これが最終的には実施可能なアイデア(戦略、ロジスティック、経済、運営面)に変換されるだろう。顧客が有償でも欲しがる情報かもしれない。

BOX1とBOX3の境界は、時にはっきりしないことがある。線形のBOX1のイノベーションと、非線形のBOX3のイノベーションの大きな違いは、BOX3には業界の競争状況を転換できるほどのパワーを持った、新たなビジネスモデルへの不連続な飛躍が必要だということだ。有名な例を挙げると、アメリカン航空は、一九七〇年代に最新テクノロジーを使ってセイバーという伝説のコンピュータ予約システムをつくった。セイバーは、アメリカン航空が他の航空会社との競争で有利になるようにと、BOX1の業績推進の目的でつくられたものだった。ところが、この予約システムはあっという間に、それ自体が大きな収益を生むBOX3のビジネスに発展した。

長い目で見れば、URIは利用データと業績データを付加価値製品に変えられる可能性を見出していたとフェントンは語る。「我われは、ソリューションをベースにした企業に転換したかったんです。機器の事業から撤退することはありませんが、顧客が我が社をそんな風に見て、そこに価値を見出してくれるなら、我われから提供できるものはもっともっとあるんです。機器の提供以上のことで、儲けなくてはいけないですからね」。機器の提供以上のこととは、つまり洞察力のあるアイデアと専門知識である。

活動的な取締役会をつくる

再生したURIの取締役会は、会社の転換に重要な役割を果たした。活動的で、よく機能する取締役会の貢献を過小評価するのは簡単だ。ほどほどに勤勉な取締役会はたくさんあるが、それでも積極的に実務に携わりはしない。ところがURIの新会長ブリッテルは、役員たちにURIの課題に精力的に携わるよう求めた。新CEOニーランドへの全面支援のためにも、高レベルで従事することを奨励した。

例えば、ブリッテルが就任してまもなく、URIは取締役会の三つの空席を埋めることになった。外部の企業から候補を探す前に、ブリッテルとニーランドは現在の役員会に足りない専門分野は何であるかを話し合い、新たな役員にその分野の知識を埋めてほしいと考えた。URIにとって役に立つのは、IT、ロジスティック、販売・マーケティングという三つの分野の知識であるという結論が出た。ITは、URIの実時間性能（リアルタイム・パフォーマンス）を測定分析する能力を増強するはずだ。ロジスティックの専門知識は、URIの多くの資産管理プロセスを改善するだろう。また、URIが最上級顧客への提供を目指している情報商品を実装するための高レベルの深いアイデアも開発できるだろう。そして販売・マーケティングの深い知識や経験は、URIが三層に分けた既存顧客に合わせたサービス提供を可能にするだろう。さらに、URIが求めている工業系企業の顧客に幅広くアピールすることができるはずだ。この結論が正しいことを証明するために、ブリッテルは現在の役員会のメンバーにいま「足りない」能力は何だと思うかと意見を求めた。彼らの総意も、ニーランドとブリッテルの最初の結論と一致していた。この結論は人材斡旋会社とも共有され、そのうえで三人の役員候補探しが始まった。

その後、ブリッテルは取締役会の役員一人ひとりに、人材斡旋会社からの概要書と候補者の分析を読んでもらい、それぞれが候補者と面接を（必要とあれば何度でも）するよう依頼した。全役員が、それに従った。ここまで、役員会が深く関わることは珍しい（通常、候補者審査は一部の役員に任されることが多い)。この調整作業だけでも通常より長い時間がかかったが、ブリッテルはこれを価値のある投資と考えていた。こうしておけば、「重要な問題で役員会の意見が分かれるとか、自分は除け者にされていると感じる」状況が回避できると思ったからだ。

結果として新たに就任した役員たちは、初めての役員会に出席する前から、URIのほかの役員たちについても、URIが直面している問題についても、企業のカルチャーについても、すでに精通していた。新役員も現職の役員たちと居心地よく、同僚として交流していた。さらに深く従事するという習慣づけのプロセスが、ここから他の分野にも広がりはじめたのである。

例えば、ブリッテルとニーランドは役員たちに対して、出張の際には現地のURI営業所を訪れるよう、強く要請した。役員の何人かは、ニーランドを通じて公式訪問のアポイントをとってもらったが、空き時間ができたときに、ふらっと地元の営業所を訪ねる役員もいた。こうした訪問や、その他の活動を通じて、URIの役員はURIという会社、そしてその社員の微妙なところまで理解を深めていった。役員会の状況に満足したニーランドは、彼が毎年開催している年次運営会議にブリッテルと役員全員を招待した。ブリッテルには、役員討論会の司会を頼んだ。この総会には、支店や地方の運営チームも参加して、質問ができることになっていた。取締役会の役員たちが参加する公開討論会は、参加者から最高評価がつくセッションの一つだった。参加者の一人としてブリッテルは、こう述べている。「我が社の取締役会のメンバーは、みんな自分の仕事をちゃんとわかっていると実感できて、うれしく思います」

役員たち、ニーランド、そして社内のリーダーたちは、各営業所の従業員とともにタウンホール・ミーティング（対話集会）に参加した（コラム「一般社員をどう引き込むか」を参照）。URIは全米規模で最大のライバル会社だったRSCホールディングスとの合併後（これについては後述する）、この合併がうまく機能しているかを確かめるため、このようなミーティングを多数、開催した。

工業会社の顧客基盤を拡大する

URIの顧客が建設業に偏りすぎているという問題は、まだ解決していなかった。だからこそ、ジェンヌ・ブリッテルがオークヒル・キャピタル・パートナーズのマネージング・パートナーのデニス・ネイデンと時折、顔を合わせる関係であったことは幸運だった。オークヒルは、RSCの主要投資会社の一つであり、ネイデンはRSCの取締役会長を務めていた。RSCは、URIが求めていた工業会社が顧客に占める割合が高かった。GEキャピタルでともに働いていた頃に知り合ったブリッテルとネイデンは、数年にわたって合併の可能性について話し合ったが、非公式レベルの話で終わっていたとブリッテルは言う。

それでもなお、二人が話を続けていたことには意味があった。両社が一つになれば、機器レンタル業界で世界一の大企業が生まれるのだから。おそらくURIにとってより重要だったのは、RSCの工業会社の顧客を一度に受け入れることができれば、建設業界に影響を与えるような経済的打撃が生じたときのURIの脆弱性へのヘッジとなることだった。

ブリッテルは、こう振り返る。「その後、二〇一一年一一月に、私はデニスに電話をして言ったんです。『引退したあと老人ホームで、「結局、あの合併話は実現しなかったね。どうして、うまくいかなかったんだろう」なんて後悔したくないでしょう』。それで感謝祭の直前にディナーの約束をして、そこで言ったんです。『デニス、うちの役員会は話を進めてくれって言ってるの。どうかしら？』とね」

ブリッテルによると、RSCとの合併はその夕食から二週間で具体化したという。「桁外れの合意でした。二〇一二年に合併が成立したとき、マイクはチームとともに両者の統合を進めるというすばらしい仕事をしてくれました。特に、COOのマット・フラネリーとともに。こんなに統合がうまくいったケースを、私はほかに知りません」

合併を成功させるのに決定的なポイントは、買収する側、このケースではURIが重要な人事決定をする際に強引な態度に出ないようにすることだ。ニーランドは言う。「取引の交渉では、（適任の)人間を残さないことで失敗します。だから我われは、『いまいる社員の中で最高の適任者』を基本に人事を進めると、最初にはっきり宣言したんです。しかも、上級役員の人事から手をつけました。難しい判断もありましたが、そこから始めて、だんだんと下に降りていったんです」

ＲＳＣの社員ではなく、昔からＵＲＩにいる社員を推薦する場合、ニーランドははっきりとした正当な理由を求めた。「一緒にやったんです。あらゆることを、私のチームとあちらのチームとの共同作業で。どの部門についても。例えば、技術、販売、経理、なんであっても、両社から同数の代表者を出しました」

その結果、両社はライバル社を凌ぐだけの実力を備え、見事に統合した企業へと平和的に、前向きに、恨みなしに移行した。合併後の会社は規模が大きくなっただけでなく、より良い会社となっていた。ＲＳＣは多数の工業会社の顧客を追加してくれただけでなく、工業会社へのサービスに必要なスキルや専門知識も与えてくれた。ＲＳＣから経験豊富な三人の取締役が加わったことも含め、あらゆるレベルでこの合併はＢＯＸ１の活動として理に適っていた。

コラム 一般社員をどう巻き込むか

ビジネスを立て直すには、全員総出の努力が必要だ。ピラミッドの上部だけでなく、組織の全レベルで取り組まなくてはいけない。機器レンタル業界に長年携わってきたニーランドは、顧客の満足と忠誠心を実現し維持していくには、一般社員の役割が非常に大切だと認識していた。

「我が社はサービスを提供する会社です。そして我が社と顧客の間を取り持つのは、我が社の社員であると、常々感じていました。その社員としっかり向き合えないなら、他の業界に行ったほうがいいでしょう」とニーランドは言う。これまでURIが熾烈な変化を経験してきたせいで、社員は配慮を求めていた。ニーランドは、URIが支店を置くすべての都市で対話集会を開催するなど、全社的なコミュニケーションをとることに着手した。ニーランドをはじめとする重役にとって（多くの対話集会には、取締役会のメンバーも出席した）、各集会は一日仕事だった。時間給従業員やその他、地域の営業所のスタッフ向けの夕方の説明会で、ようやくその日の日程が終わるのだ。このような取り組みについて、ニーランドはこう話している。

「対話集会を何回やったことでしょうか。一週間おきに、どこかの大都市圏の対話集会に出席していましたね。例えば、営業所が六つあるボストンに行くと、昼間はその六か所をすべて回り、時間給従業員と話をするんです。そして営業所長と営業チームと一緒にランチをして、従業員から聞いた話を伝えるんです。そうしたら、今度は私が彼らの話を聞く番です。聞き上手になることを学びましたよ。自分が聞きたいことではなく、本当に聞くべきことを聞き出せるようにね。

夕方五時になると、時間給従業員に挨拶をしに行きます。営業所長などは抜きにして、私と時間給従業員だけで、五時から六時まで話をします。その後、ほかのスタッフも合流して、みんなで夕飯となります。夕飯のあとは、我が社について、我が社がいまどういうポジションにいて、どういう方向に進んでいるか、その計画の実行に社員のみんながどれだけ重要であるか、といったことを私が話すのです。

また、私が彼らから教えてもらいたい特定の話題もあります。顧客の安全、顧客サービス、従業員の人間関係などの改善点についてです。従業員を四つのグループに分けて、問題点を話し合ってもらうんです。いつも言うんですよ。『愚痴を言うだけの時間にしないでください。何がうまくいってないのか、教えてほしいんです。改善していくためにも、本当のことを教えてください』と。その後、四つのグループがみんなの前で発表します。

こうした対話活動は、本当に楽しかったですよ。昨年の社外会議のあと、従業員との関与度調査を委託したところ、過去最高の評価を得ましたよ」

一般機器レンタルに特殊機器を加える

ＵＲＩは、ＢＯＸ１の業績を最大限にする機会をもう一つ見出した。機器レンタル業界の大手の大半は、「一般機器」のレンタルを中心に事業展開していた。つまり、顧客が一般的な日常業務で使用するさまざまな道具や機器を多数、扱っていた。景気後退以前のＵＲＩが提供していたレンタル機器の一覧も、ほぼすべて一般機器が占めていた。ＵＲＩを含む一般機器レンタル会社は、「特殊機器」から成る第二のレンタル・カテゴリーをニッチな企業に明け渡していた。ほとんどの顧客の通常の日常業務から外れた、特殊な任務やプロジェクト用の実用機器を扱う企業である。例えば、安全に採掘作業をするための機器に特化した特殊機器レンタル会社もあるだろう（溝が崩壊しないようにする鋼板補強壁システムなど）。あるいは、電力施設建設現場用の大型発電機、映画ロケ地、イベント会場などに特化した会社もある。工業用水ポンプやその関連装置のレンタルもあるだろう。

ＵＲＩはそれまで、特殊機器部門の大規模構築を検討したことはなかった。すでに一般機器と特殊機器のレンタル会社が、はっきりと分離した形で業界構造ができあがっていたこともある。その理由の一つとして、特殊機器は「売るにしても、レンタルするにしても、メンテナンスするにしても、特殊なスキルが必要だから」とフェントンは語る。ここで、BOX2の忘れる作業に必要な飛躍について思い出してほしい。

URIにとっては、特殊機器レンタルの市場に参入せざるを得ない要因がいくつもあったことが幸いだった。第一に、RSCと合併したことで、大口顧客から繰り返し特殊機器へのニーズが発生した。第二に、特殊機器の利益幅は一般機器に比べて非常に大きかった。第三に、URIの幅広い顧客基盤のおかげで、特殊機器のレンタル企業と効率的に競合できるだけの購買力を得た。それも、特殊機器レンタル企業を買収できるほどの購買力だった。

URIは二〇一五年までに、大型発電機、空調システム、トレンチ探鉱システム、ガス田や油田で使う工業用ポンプなどの特殊機器のレンタルを始めた。フェントンによると、二〇一二年にハリケーン・サンディが通過した際、ニューヨーク市の高層ビルには一時的にURIの空調と発電装置が配備されたという。

こうした機器は、URIの営業所に立ち寄ってすぐに借りられるものではない。特殊機器は複雑なものが多く、運搬、操作、メンテナンスにも特別な専門知識が必要だ。だからこそ、URIが二〇一四年に八億ドルもの資金をつぎ込んで、ポンプのレンタル会社を買収したことも頷ける。「明らかに巨額な投資でしたよ」とフェントンは言う。「ポンプは、特殊な製品です。その多くは、北米の油田、ガス田に行くんです。だから、ある水準のエンジニアリングを提供しなくてはなりません。ポンプ以外のものも、たくさん提供するんですよ。現場に行って組み立てて、メンテナンスするわけです。長期間、そこで使うわけですから。しかも、ポンプの役割はとてもとても重要です。ポンプが動かなくなったら、現場は休業するしかないんですから」

昔からのレンタル業界のカテゴリーの壁を壊したことで、ニーランドが考えていたＵＲＩによる機器レンタル業界の立て直しが進むこととなった。

未来を見据えて

二〇一二年までに、ＢＯＸ１の事業は劇的に立て直すことができた。ＵＲＩは、積極的に顧客中心の姿勢に変わっていった。営業所や地方の支店、そして営業チームを、三段階に分けたマーケティング戦略で連携させた。景気変動の影響を受けにくい体質にするという目標で、顧客基盤を多様化させた。特殊機器レンタル市場に参入することで、ＵＲＩは顧客に以前より幅広い製品やサービスを提供した。そして利幅の大きい特殊機器レンタルのビジネスのおかげで、収益はスピーディーに上がった。

「まだ波はありますが、多様化したおかげで、前ほど劇的な波にはならないと思います」とニーランドは言う。

ＢＯＸ３の未来に向けて、ニーランドはフェントンに、ＵＲＩが景気後退期でも成長を続けられる戦略づくりを任せている。「どんなものになるかはわかりませんが、フェントンには機器のことだけを考えないようにと伝えました」と言う。フェントンが見込みがあると思ったことを試したり、実験するための資金を出すことを、ニーランドは約束した。ＵＲＩの将来の核となるコンピテンシーを探ることが、フェントンの任務だ。

ＵＲＩには、一五年分の取引、利用データを集めたデータ・ウェアハウスがある。これを、顧客がレンタル・サービスをより賢く、効率的に利用するための情報製品に仕立てることも可能だ。「このデータは、宝の山なんです」とニーランドは語る。彼がこのデータから宝を探す責任者として、ＵＲＩの最高財務責任者（ＣＦＯ）のビル・プラマー（ニーランドが「非常に優秀だ」と評するＭＩＴで航空工学を学んだ「経理畑出身ではない」人物）を指名したのは興味深い。「まだ、我われが発見していないチャンスがいくつもあると思うんです」

ニーランドは、ＣＩＯのデール・アズプランドに「我が社をデジタル化したい」と持ちかけた。そのために何が必要なのか実はよくわかっていなかったが、彼のざっくりとした考えは、顧客との意思疎通をもっとデジタルな形にしたいということだった。

ニーランドは、将来を検討する分野については、慎重に少数の幹部に任せてきた。すべてを一人に任せるべきではないと、彼は言う。「行き詰まったりすると、困りますから」。さらに彼は言う。「それぞれの幹部には、長所や前向きな考えといった特徴もあります。だから、それぞれに世界を違う目で、別々の視点で見てほしかったんです」

二〇一五年にはBOX1が健全に運営されていたが、経営陣は「任務は完了した」とは思っていなかった。ニーランドは、継続的な改善こそ望ましいコンピテンシーだと考えていた。彼は「**カイゼン**」「リーン思考」、その他のプロセス改良訓練の専門知識のある新たな人材を招き入れた。そして、経営陣全員が最低でも一年のうち一週間は「カイゼン」トレーニングを受けるよう求めた。彼自身も機械工、トラック運転手、支店長、地域統括部長とともに参加した「カイゼン」のセッションについて語っている。そこでは、機器を輸送するトラックの車輪のつけ外しの時間をどう短縮できるか考えていた。最初のプロセスは、三五分から五五分の間で時間切れとなった。「その週の終わりには、プロセスの計画を精密に立てて実行しました。すると一五分間に短縮できたんです。全員で団結してやったんですよ。これは、ものすごい力だなと思いました」とニーランドは語る。

ニーランドたちは、非線形のBOX3の考え方に転換しているという自信を得た一方で、URIという会社として「三つの箱」すべてに定期的に注意を払わなくてはいけないという教訓も学び取った。当たり前と思っていいことなど、一つもないのだ。

「私は常に何か学んで、それを活用できると思っています」とニーランドは言う。「それが私の考え方、運営方法です」

続く第5章、第6章では、「三つの箱」すべてにバランスよく注意を払うという、困難な技を詳細に見ていこう。

重要ポイント

◆BOX1に秀でるには、明確な戦略をきちんと実践し、高レベルの業績を維持するシステムやプロセスでバックアップする。

URIでは、さまざまな事情から明確な戦略の連携ができなかった。このような状況にある企業は一歩下がって、それが顧客であれ、使命、従業員、企業文化であれ、自社の核となる部分ともう一度しっかりつながる必要がある。本筋から外れてしまった業績分野があるなら、BOX2の忘れるという作業が役に立つはずだ。

◆BOX3の創出には、健全なBOX1の業績が不可欠である。

BOX3のアイデアが現実に直結するものになるには、現在の事業が生き延びて、将来も闘い続けなくてはいけない。それ以上を目指すなら、ただ安定しているだけでなく、未来に投資できるだけの価値を高めるような成功をしなくてはいけない。URIは自らのパフォーマンス・エンジンを順序だてて再建し、BOX1とBOX3両方の課題に対処した。

組織の再建には、任務に完全に没頭した取締役会が大切だ。

取締役会長のジェンヌ・ブリッテルが特に注力したのは、役員たちを重要な決断に関与させるということだった。新CEOニーランドの戦略を後押しするために行われたことだったが、これが実質的に組織をいろいろな面で相互作用的に強化する結果となった。ニーランドは積極的に役員たちを会社のミーティングに招き入れ、いつでもURIの支店、事業所を訪問することを歓迎した。ニーランドとブリッテルの生産的な協力関係は見習うべきだろう。

BOX1の現在のビジネスモデルを最大限に活用するには、BOX3で新規ビジネスモデルを創出するときとは違う種類の活動、スキル、手法、測定基準、マインドセット、リーダーシップが必要となる。だが、どちらの箱の活動も同時に進めなくてはいけない。

さらにBOX1とBOX3は共生関係にあり、BOX1が適正に機能しているときに、この共生関係は最大限の価値を発揮する。

線形のBOX1のイノベーションと非線形のBOX3のイノベーションの大きな違いは、BOX3が業界の競争状況を大転換させるほどパワフルな新規ビジネスモデルを創出するには非連続的な飛躍が不可欠ということだ。

URIが調子を取り戻した際、RSCの買収と、URIの機器目録に特殊機器を加えるという、それまでにない重要な二つの動きがあった。このおかげで、業界を転換させるという具体的な目標ができた。これこそ、まだ見ぬ未来のための「計画的な日和見主義」の典型的な事例と言える。

ビジネス上の難しい決断を下す際の人間的側面を理解するリーダーの器が、健全な透明性を実現する。

ニーランド、ブリッテルをはじめとするURI経営陣は、BOX1の業績を復活させ、将来に向けて変化を遂げるにあたり、自分たちのことを知ってもらい、何かあれば即座に対応する存在でなくてはならないと認識した。対話集会などで従業員からの質問に直接、答える彼らのオープンな姿勢が、どうしてURIはいまこの方向に動いているのか、そしてその成果はどういうものになるのかという理解を全社に広げることになった。

ツール

ツール1――BOX1の健全性を査定する

経営チームとして、BOX1のパフォーマンス・エンジンに焦点を当て、次の質問に答えよう。

・供給元や顧客への交渉力という観点で、またライバルとの競争の激しさ、参入障壁、脅威となり得る代替品などの面で、あなたは業界構造をしっかりと理解しているだろうか？

・あなたのビジネスモデル、供給する商品には、どのような競争上の優位性があるか？　顧客がライバル社ではなく、あなたの会社の商品やサービスを選ぶ理由は何か？

・正式な報告体制、決裁権限、情報の流れ、意思決定までの進行プロセスの流れといった観点で、あなたの会社組織を説明してみよう。正式な組織構造が、事業の競争上の優位性を維持するための条件に合っているだろうか？

・あなたの会社の業績目標の動機づけ、評価方法について説明してみよう（給与、報奨金などのシステム）。このシステムは、パフォーマンス・エンジン戦略の実践をきちんと支えているだろうか？

・あなたの会社の資源配分、計画プロセスについて説明してみよう。あなたの会社の競争上の優位性を達成し、維持するものになっているだろうか？

・あなたの会社の人事について説明してみよう。従業員の採用、研修、開発、評価、昇進、解雇、またコンピテンシーの確立といった観点で説明しよう。人事の姿勢は、会社の競争上の優位性を確立するという目標とうまく連携しているだろうか？

・あなたの会社のカルチャーを説明してみよう。評価される言動、陰に陽に経営活動の指針となっている社内の常識や規範など。会社のカルチャーが、ＢＯＸ１の戦略の実行を支えているだろうか？

ツール２――ＢＯＸ１を強化する

・今後一年間で、ＢＯＸ１に存在する業績ギャップを排除するための重要なイニシアチブについて説明してみよう。

・そのイニシアチブを実行するために、十分な資源配分を行っただろうか？
・そのイニシアチブを実行する社員を任命し、その業務を適切に評価する責任測定基準をつくっているだろうか？

第5章

「三つの箱」のバランスを維持する

「三つの箱の解決法」には、複数の時間枠で同時に考えて行動する能力が不可欠だ。これまで本書で見てきた事例のとおり、あなたは現在を管理しながら過去を破壊し、未来を構築しているのである。時には、どれか一つの箱により集中しなくてはいけないが、本書で示したツールを使えば、あなたやあなたのチーム、そして組織のメンバーも、「三つの箱」すべてに注意を向けることができるだろう。

だが、そのバランスが崩れたときはどうなるのだろう？　どうすれば「三つの箱」の活動を同時に進めることができるのだろうか？

この問題を考えるため、ウィロウクリーク・コミュニティ・チャーチの前代未聞のケースを見ていこう。ＭＢＡが運営するこの教会は、ハーバード・ビジネス・スクールでもケース・スタディとしてよく取り上げられている。「三つの箱」が時間をかけて完璧なバランスをとっている組織の事例だ。

教会改革

後にウィロウクリーク・アソシエーションと改称する、ウィロウクリーク・コミュニティ・チャーチは、一九六〇年代に中学生だったビル・ハイベルズの並外れた観察眼から生まれた組織だ。当時、彼が家族と通っていたアメリカ中西部郊外のプロテスタント教会は、アフリカ、アジアなどの遠い国々を訪れて、「人々にイエス・キリストへの信仰を見出してもらうため」に宣教活動をする人たちを支援していた。それは「宣教という観点で見れば、まったく当然のことでした。場所が海外というだけで」とハイベルズは語る。「でも、ここの教会の指導者たちが、信仰心を持たずに暮らしている近所の人たちに同じような活動をしていないことが、私にはちょっと不思議に思えたんです」。ハイベルズは、父親にこう話したことを覚えている。近所の無宗教の人たちに信仰を見出してもらうには、アフリカに旅行に行って「宣教師の話を聞いてもらう」のがいいのではないかと。

ハイベルズはこのときの想いを忘れてはいなかったが、当時、一〇代の彼はこの問題に取り組める立場にはなかった。いずれにせよ、彼はまったく違う人生を歩みはじめた。彼の父親はいくつもの事業を運営していて、その一つに業績好調な卸売会社があった。「私の人生のシナリオは、父の足跡を辿って父の会社を経営していくことでした」とハイベルズは言う。そこで彼は大学に進み、ビジネスと経済学を学んだ。「特に考えてなかったんです。ただ、父の会社で働くのが楽しくて。高校生の頃から手伝っていましたから」

ところが、ハイベルズは大学時代に衝撃的な啓示を得て、宗教的に覚醒してしまう。彼はこの体験について、「生きている神様が直接、目の前に現れた」と話している。その体験は、彼自身を大きく変えた。「一般の人々にも神の無限の愛を見出してもらうよう手助けすることに比べたら、果物や野菜を売る仕事が突然、色あせて見えてきたんです」と彼は語る。彼は自分の気持ちが変わったことを父親に告げたが、それはいま思い出しても「大変な話し合い」だったと言う。

ハイベルズは同じような考えの友人たちと宗教について語り合い、一緒に教会をつくろうと計画を立てた。彼が子どもの頃に家族と通っていたような昔ながらの教会ではなく、「信仰のない人、あるいは信仰をなくした人にも理解できるようなキリスト教のメッセージを伝える」教会をつくろうとしたのだ。

一九六〇~七〇年代は、教会に通う人が急速に減った時代だ。ハイベルズには、多くの人が宗教から離れていく理由が直観的にわかっていた。世界は劇的に変化しているのに、教会はその変化についていってなかったからだ。プロテスタント教会のメッセージの内容になんら問題はなかったが、そのメッセージの発し方が古臭かった。さらに悪いことには、信仰のない人が昔ながらの教会に連れてこられると、信仰心のないことを非難されたり、宗教を受け入れろと圧力をかけられていると感じることが多々あったのだ。

一九七五年、ビジネスの勉強を続けていたハイベルズは、自分の直観が正しいかどうかを調べるために市場調査を行った。[1] 彼は同胞たちとともに、何千人もの「教会に通わない」人たちが、どうして教会に通わないのか、あるいはどうして教会に属していないのかを調査した。その結果から浮かび上がったいくつかの理由を挙げると、教会は「いつもお金を要求する」、礼拝が「退屈で活気がない」、あるいは「ありきたり」、説教は「現実世界」とかけ離れている。また、教会に行ったことのある人たちは、「牧師のせいで罪悪感を感じたり、無知であることを思い知らされ」、嫌な気持ちを抱えて帰宅したという。

このような率直な思いを知ったハイベルズやほかのメンバーたちは、爽やかで現代的な礼拝を行う新しいタイプの教会をつくろうと思いついた。現代の音楽、ドラマ、ダンス、ビデオ……と、現代人とつながることができるものならなんでも取り入れた。ハイベルズが少年時代に通った教会の人たちは、宗教心のない人に「反感に近いものを」持っていたが、ウィロウクリーク・コミュニティ・チャーチでは宗教に懐疑的な人も喜んで迎え入れ、敬意を持って対応した。新しくやってきた人に寄付をお願いすることもしなかった。直接、売り込むこともしない、プレッシャーをかけることもしない。基本的なプロテスタントのメッセージが信頼できる形で、興味をそそる形で伝えられ、教会がそのメッセージを受け取る心地よい場所であると感じることができて、初めて教会に加わりたいと思うのだ。

「三つの箱」のバランスをとる

本章と次章では、「三つの箱」のバランスをとるという難問をどう達成すればいいか、さまざまな視点で詳しく見ていこう。本章では、バランスを運営上の訓練やプロセスの問題ととらえ、次章ではバランスをリーダーシップと組織としての行動様式の六つのカテゴリーの産物として考える。どちらも「三つの箱の解決法」には不可欠な視点だ。

バランスをとるには、まず組織のトップにいるリーダーがすべての箱が相互に関連していることを理解していないと始まらない。ウィロウクリークには幸い、二人のリーダーがいた。ビル・ハイベルズと後に仲間に加わったジム・メラードは、「維持、破壊、創造」が再生サイクルのプロセスを構成していることをはっきりと理解していた。ハイベルズは伝道者の書、第三章の有名な言葉を引用して、このサイクルについて語っている。「天の下では、何事にも定まった時期があり、すべての営みには時がある。生まれるのに時があり、死ぬのに時がある。植えるのに時があり、植えた物を引き抜くのに時がある。殺すのに時があり、いやすのに時がある。崩すのに時があり、建てるのに時がある」

実際、現実世界でバランスをとるには、すべての時期や営みに日々、注意を向けなくてはいけない。日々、注意を向ける覚悟ができれば、あとは私が本書で「計画的な日和見主義」として紹介してきたさまざまな準備や覚悟の手段ほど有用なものはない。つまり、予測のつかない未来への防御策となる「三つの箱」すべてにまたがる戦略的構想だ。

例えば、ハズブロのブライアン・ゴールドナーやURIのマイク・ニーランドのように、個人や正式なチームを強化して、「弱いシグナル」やBOX3のアイデアや新たな運営戦略を探求してもいい。あるいはIBMのEBOプロセスが規定したように、さまざまな開発段階にある複数の事業に、それぞれ対応する運営スタイルや評価基準をつくってもいい。また、第6章で見ていくように、社内の異端児、つまりすばらしいアイデアや洞察力があるけれど、影響力や政治的な能力に乏しいスタッフを応援し、守っていくこともできる。

バランスを理解するには、「三つの箱」のつながりを認識することが大切だ。第4章で学んだように、BOX1が好調でも、戦略的に連携していないと、BOX3は不利になる。また、BOX2がちゃんと機能していないと、BOX1の支配的論理、構造、実務が、BOX3の冒険的事業の実現を阻害する。BOX2は、過去に組み込まれた障壁を押し流す浄化機能装置なのだ。その障壁とはたいていの場合、BOX1の事業を効率的に遂行するのに必要な価値観や実務の中でがんじがらめになっている。だが、BOX3ではそれも手放さないと、過去のアイデアや実務をきれいに整理した「白紙」の状態で、新たな創出ができなくなる。

ウィロウクリーク・コミュニティ・チャーチの名前は、もともと礼拝を行っていたイリノイ州パラタインにある古いウィロウクリーク劇場からとったものだ。この教会は、たくさんの「弱いシグナル」とＢＯＸ２の観察力から生まれた。信者を取り込むための時代遅れの罠、自滅的としか思えないことを優先する姿勢を崩さない伝統的な教会への、創設者たちの反発から生まれたものだった。基本的にウィロウクリークは、あらゆる宗派の教会が多くの人から強烈な反発を買って、人々を遠ざけてしまったことへの回答だったのだ。

この創設動機は、ウィロウクリークという組織構造のＢＯＸ２的思考の中にしっかりと埋め込まれているのだろう。それは創立から四〇年を経ても、この組織が繰り返し古い活動や実務を捨て、時には最盛期を過ぎたという予兆がはっきり見える前から古いものを捨て去ることで、繰り返し自らをリニューアルしてきたことからも窺える。これから詳しく見ていくが、ウィロウクリークでは運営プロセスの中でＢＯＸ２の実践が組織的に定期的に行われるのである。

このような努力は、成り行きに任せてできることではない。これまで私が強く主張してきたように、ＢＯＸ２はほとんどの企業にとって最大の難関である。組織にとって、「これはもう止める時がきた」と自ら認めるのは、「新しいことを考える時期がきた」と認めるよりも難しいことだからだ。この二つの考え方は同時に手を携えていく必要があるのだが、それまでずっとやってきたことを止めるのは、長年の友人を失うようなもので、強い愛着心を乗り越えなくてはならない。

何かを手放すときには、しばしば胸が痛む結果を伴う。だがリニューアルの能力こそ、組織維持の基礎である。リニューアルのサイクルのパターンを実践するには、感傷を伴わないBOX2の実務やプロセスによる規律が必要だ。このリニューアルこそが、「三つの箱の解決法」がもたらすもっとも魅力的な利益なのだから。

バランスをとろうとすると、「三つの箱」すべてにプロセスが必要となる。ハイベルズが言うように、「教会も、GEと同じ組織なんです。だから企業と同じように、『三つの箱』のバランスをとるために正式な運営メカニズムをつくり上げる必要があるんです」

なんであろうが、運営メカニズムというものをつくるというアイデア自体が、牧師には受け入れがたいだろう。「ほとんどの牧師は神学校に通い、ギリシャ語やヘブライ語、聖書の解釈などを学びます。そのどれもがとても重要なことなんですが……」とハイベルズは言う。その後、初めての日曜礼拝の説教を終え、「月曜の朝、目覚めて、ふと気づくのです。自分は従業員のいる組織のCEOなのだ。給料も払わないといけない、人事も必要だ、土地も要る、戦略的な計画を練らないと、理事会にも対応しないといけない。なのに、そういう準備は一切していないんです」

ところがハイベルズは、こうした準備をしていた。大学での主専攻はビジネス、副専攻は経済学だったうえに、商売人の父親の下で育ったので、暇な時間はずっと家業の手伝いをしてきたのだ。ビジネス思考は、彼にとっては自然なことだった。そしてそれを使って、信仰を持つ人はもちろんのこと、増えていく一方の教会に通わない大勢の人たちを惹きつけて、彼らに信仰心を持ってもらえるよう、新しいタイプの宗教体験を提供する教会を生み出したのだ。

本章では、主にウィロウクリーク、その次にインド最大のテクノロジー企業、タタ・コンサルタンシー・サービシズの事例を紹介して、組織が何十年にもわたって「三つの箱」のバランスをとりながら劇的な変化を遂げていくことができるかを見ていこう。プロセスと運営規律がまったく違うタイプの組織が、どちらも現状を最大限に活かし、過去の劣化した資産に対処し、未来のチャンスに常に厳戒態勢で臨んでいたことがわかるはずだ。さらに「三つの箱」のバランスがとれた状態というのは、時折起こる出来事ではなく、継続したプロセスであること、だからこそバランスは、組織全体の規律としてとらえなくてはいけないことがわかるだろう。

では、これからウィロウクリークに周期的に起こったイノベーションを三つ見ていこう。まずは教会創設時、現代の信徒集団のための礼拝改革を紹介しよう。

BOX3のイノベーション（1）
礼拝と働きかけ

教会創設に際して、ハイベルズはプロセスに富む体系的な方法で取り組んだ。彼は、教会には根本的な目的が四つあると考えていた。精神的高揚(信徒が集まり、礼拝でともに神を賛美する)、教化（教会に参加することで信徒の精神生活を深める)、伝道（「探求者」と呼ばれる教会に行かない人たちに手を差し伸べる)、そして社会貢献（言動によって神の愛を具体化し、「世の中の良心」となる）だ。[2]

一九七五年、ウィロウクリーク・コミュニティ・チャーチには主に二つの目標があった。時代遅れの礼拝形式を改革して現代的なものにつくり替え、現代の教区民が現実的なつながりを感じられるものにつくり替えること。そして、教会に行かない人たちにも手を差し伸べるシステムを構築し、彼らが歓迎され、先入観で判断されることなく、教会ではなく探求者自身のペースで進んでいけるようにすることだった。

礼拝の改革

礼拝を活性化して現代風にするという目標に、次の要素が貢献した。

・音楽

伝統的なパイプオルガンや一八世紀、一九世紀の讃美歌は廃止。その代わりに、バンドが現代の楽器で生演奏をした。

・ドラマ

牧師が聖書から選び出した教訓を寓話という形で伝える。ただし聖書の内容を、信徒の日々の生活に密着した現代の苦悩に置き換える。毎回、礼拝で演じられるこのドラマには、その後の説教のテーマが盛り込まれている。

・マルチメディア

礼拝では時に音楽だけでなく、ビデオや写真も使って、没頭型の感覚的体験をつくり出す。

・聖書の物語を現代の状況に置き換える

前述のドラマのように、聖書の朗読部分は現在の出来事や苦難、その後の説教で話すテーマにつながる内容となっている。

一九七〇年代には、どの宗派も教会から離れていく信者の増加に直面していた。既存の教会は、減少する一方の教会員を奪い合っていた。ある教会の会員が増えれば、ほかの教会の会員が減るわけだ。これはゼロサムゲームだと悟ったウィロウクリークは、組織が成長していくには、教会に行かない人たちにアピールして信者の数を増やすしかないと結論づけた。教会に行かない人の中には、かつて通っていた教会に幻滅して行かなくなったという人もたくさんいるはずだ。ウィロウクリークは、礼拝の改革を皮切りにアピールを始めることにした。

働きかけのシステム

そのような人たちを敬虔なクリスチャンに変えていくために、詳細な方法論を開発した。ウィロウクリークは、豊富なプロセスがある規律に則った運営実務の利点を大切にしていた。探求者に手を差し伸べ、信徒集団に迎え入れ、信仰を深めてもらい、今度は彼ら自身に教会に通わない人たちに働きかけてもらうというプロセスが、「七つのステップの戦略」に明確に書いてある。ステップごとに詳細な説明と、その根拠が示されている（図5－1を参照）。

この戦略は、教会に通わない人たちと「誠実な関係」を築くよう、信徒に奨励するところから始まる。[3] ここで言う「誠実」とは、信徒が探求者に対して自らの信仰についてオープンに正直に語ること、自らの感動的な物語を語ることを意味している（ウィロウクリークは、教会員が探求者のニーズを理解し、彼らと上手にコミュニケーションがとれるようにするための四週間の研修プログラムも開発した)[4]。

働きかけのシステムのもう一つの中心的な指針として、信徒と探求者の違いが大きいため、それぞれのニーズに合わせた礼拝を別々に行った。探求者は信仰を見出す、あるいは再発見する必要があるが、信徒は信仰への理解を深める必要がある。探求者向けの礼拝は日曜日の都合が合う時間に行われ、教会員や信徒向けの礼拝は平日の夕方に行われた。これは、伝統的な教会に支配的な考えとは正反対だった。普通の教会は、非教会員よりも教会員を優先して対応していたからだ(これをビジネスに置き換えれば、見込み客より既存客を優先するということだ)。ハイベルズの一〇代の頃の想いから生まれたウィロウクリークでは、宣教師精神を取り戻し、信仰から離れてしまった人たちに手を差し伸べることを教会の主要な役目とした。

同様に探求者向けの礼拝中、教会に通っていない人たちは募金用の容器に寄付を求められることはなかった。つまり教会は、探求者たちに好きなだけ無料体験を提供していたわけだ。その結果、彼らは信仰を見出すかもしれないし、ウィロウクリークは自分が求めていたものではないと悟るかもしれない。そのためハイベルズは、毎回、探求者向けの礼拝の最後は、丁寧に慎重にゆったりとした調子で、こう締めくくった。「皆さんは知的で……、十分な知能と自己反省能力を持った方々だと思います。先ほど、皆さんにお示ししたことは、皆さんと神との問題であり、ま

図5－1 ウィロウクリーク・コミュニティ・チャーチ
――「教会に行かない人たちに働きかける」七つのステップの戦略

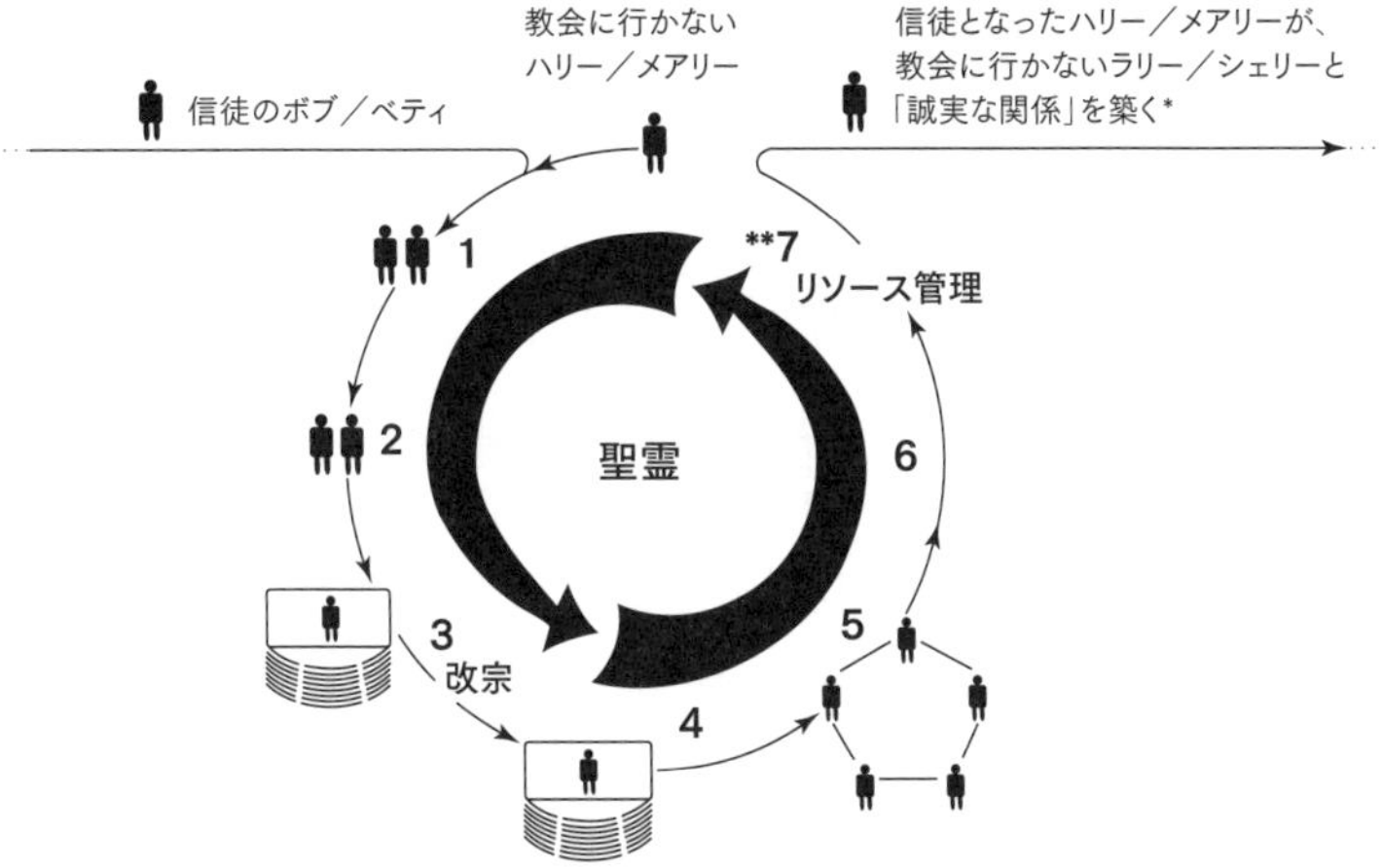

1	信徒のボブ／ベティが、教会に行かないハリー／メアリーと「誠実な関係」を築く
2	信徒のボブ／ベティが、自分の信仰について教会に行かないハリー／メアリーに「言葉で明言」する
3	ボブ／ベティがハリー／メアリーを「探求者向けの礼拝」に招き、プレッシャーを与えない形でキリスト教の信仰を体験してもらう
4	ボブ／ベティは信仰心に目覚めたハリー／メアリーを「新たなコミュニティ」の礼拝に招き、信仰心を深めてもらう
5	教会は、聖書に則って適切にリソースを管理する方法をハリー／メアリーに指導する。ハリー／メアリーは、困っている人たちとリソースを分かち合い、神からの授かりものを寛容に与えることを学ぶ
6	教会は信徒のハリー／メアリーに、4週間の「ネットワーク」研修を通じて自分たちの才能を発見し、奉仕活動の中でその才能を活かすよう奨励する
7	教会は信仰を深めているハリー／メアリーに、「小グループ」に加わって仲間意識、責任感、弟子の期間、励まし、支援を経験するよう奨励する

＊　新しいサイクルは、改宗後に始まる。
＊＊　スタッフの95パーセント以上は、教会内でこのステップに到達した人たちである。
出典：レナード・A・シュレジンガー＆ジム・メラード『ウィロウクリーク・コミュニティ・チャーチ（A）』691-102（ボストン：ハーバード・ビジネス・スクール・パブリッシング、1991年）

た皆さんと皆さんのご家族との問題であります。これについてもっと知りたいと思われましたら、どうぞ一緒に学んでいきましょう。いまは興味がないと思われても、私たちは気にしませんので、ご自分の思う道を歩んでください。気が変わったときに、いつでもいらしてください。私たちはここにいますから」

できるだけ最高の第一印象を与える

うまく考えられた戦略のほとんどに言えることだが、ウィロウクリークのアプローチには最初から細部にまで注意を払うという特徴があった。教会の指導者たちは、初めて教会を訪れた人にどのような印象を与えればいいかを吟味した。探求者が教会に到着するところを想像し、教会の前の道を「メインストリート」と呼んで、どこから見てもできる限り心地よい印象を与えるよう工夫をした。教会の周囲まできれいに手入れが行き届き、思いやりのあるボランティアのスタッフが駐車場に誘導し、その後、教会の入り口へと案内し、なにか質問があれば対応する（それも相手を圧倒しないよう、控えめな感じで）[5]。細かいところにまで、入念に注意を払った。建物のメンテナンス担当者はこう話している。「教会内に『故障中』の表示を出すことも嫌なんです。『ずっと壊れたまま、放置しているんだな』という印象を与えたくないので」[6]

教会によっては、初めてやってきた人たちを教会員に知ってもらうために、礼拝中も立たせるところがある。ウィロウクリークは調査の結果、探求者は少なくとも最初のうちは、匿名の存在として目立ちたくないと思っていることを認識していた。そのため、「私は○○です」と書かれた名前シールも用意しなかった。ウィロウクリークの礼拝に初めて参加する探求者の大半は、すでにある程度の付き合いがある教会員からの紹介で訪れていた。探求者が信仰の道に加わるかどうかは、教会の正真正銘の魅力あるメッセージや精神性が受け入れられるかどうかにかかっており、それは周りからプレッシャーをかけられることなく、彼ら自身が決めることである。この信条から、ウィロウクリークは探求者の好みを認識して尊重した。

徐々に、プレッシャーをかけない手法が驚くような成果を上げていった。ハイベルズによると、ウィロウクリーク・コミュニティ・チャーチで行った初めての礼拝には、一二五名が参加したという。「会員の数が安定するまでに六〇名くらいまで下がり、その後、また増えていきました。最近では、毎週末だいたい二万七〇〇〇人が参加しています」

ウィロウクリークは成長を続けながら、イノベーションにも集中し続けた。例えば二〇一四年には、「プラクティス（実践）」という実験的な企画を始めた。キリスト教の教えを伝え、それを日々の行動に活かしていくという試みだ。クリスチャニティ・トゥデイ（訳注：福音派の非営利のメディア組織）のリーダーシップ・ジャーナル誌のインタビューで、ウィロウクリークの牧師、スティーブ・カーターとアーロン・ニークイストは一八か月に及ぶ実験的試みについて話している。

「よく体育に例えて話すんですが」と、ニークイストは言う。「成長してもらうために教えることは大切ですが、教室の授業だけでは限界があります。ほとんどの教会の礼拝でやっていることは説教師が中心の、いわば教室の授業ですよね。でも、例えばマラソンをしたいと思った人は、マラソンの講義を聞きに行ったりしませんよね。それよりも、コーチを見つけてトレーニングするでしょう。そこで思ったんです。『教会も教室の授業ではなく、体育の授業みたいにすればどうだろう？　礼拝もただ話を聞くだけでなく、全員が一緒に実践する場にしたらいいんじゃないか』と。これもまた、違う形の学びですよね。だから、この実験を『実践』と名づけました。クリスチャンとしての生活の規律、また月曜から土曜までの間、キリストが言われたことを実践するためのさまざまな修行に重きを置いているんです」[7]

カーターは、ＢＯＸ１とＢＯＸ３の前向きな関係を維持するために何が必要かを話している。

「最終的には、信頼がないとダメだと思います。ＢＯＸ３が、ＢＯＸ１を潰して乗っ取ってやろうと思っているわけではないということを、ＢＯＸ１は信頼しないといけないんです。ＢＯＸ３はＢＯＸ１に対して、実験をする機会を与えてくれたことに丁寧に感謝する必要があります。そのためには、両方の指導者が温かい気持ち、親切心を持ち、互いに学び合おうという控えめな態度でなくてはいけません」[8]

教会はいろいろな意味で営利企業とは違うが、それでもカーターの処方箋はほとんどの企業で歓迎されるのではないだろうか。このケースを見て、私は「三つの箱の解決法」の器の大きさに、そしてこの枠組みがいろいろなタイプの組織が置かれた状況に柔軟に対応できることに感動している。この方法は、電気通信会社にもコーヒーメーカーの会社にも、そして教会にも応用できるのだ。

BOX3のイノベーション(2)
ウィロウクリーク・アソシエーション

ウィロウクリーク・コミュニティ・チャーチは、一九八〇年代を通して着実に成長していった。教会員の数が全体的に減少している時期に成長を遂げたこともあり、興味深い異端児的な存在として、他の教会の牧師たちも注目するようになった。彼らは、ウィロウクリークがどういう教会なのか、その秘密を探って自分たちも真似できないかと考えた。ハイベルズは気がつくと、自分たちと同じような成功を目指す牧師たちとの会議や質問への対応に追われるようになっていた。まるで、ぽつぽつと垂れていた水が小さな流れになり、やがて大きな洪水を起こしたようだった。一九八八年、タイム誌がウィロウクリーク現象を記事にすると、さらなる興味や注目を大々的に集めることになった。「ついには、日に何百本も電話がかかるようになり、こんな状態ではやっていけないというところまでいったんです」

概念実証の実験

ハイベルズは、牧師たちのウィロウクリークへの興味に対して、質問を丁寧にそらして逃れることもできたし、関心を示したごく一部の牧師にだけ時間を割くこともできたはずだ。だが彼は、ウィロウクリークは「神の意志を私たちが体現した教会である」と常に主張してきた。[9] そのためいたるところでオープンに、どんな形のイベントも受け入れた。これは何十年過ぎても変わらない、彼の価値観だ。

やがて彼は、この出口の見えない難問の解決法を思いついた。独立した教会指導者養成組織をつくってはどうだろうか？　ウィロウクリーク・コミュニティ・チャーチから（関係はあるものの）独立した組織というアイデアは、教会は地元の信徒団体を育て、仕える仕事に専念すべきであるという彼の考えを反映したものだった。また、教会の事情や出来事に気を取られないよう、切り離しておきたいというのもあった。

実際に、ハイベルズがウィロウクリーク・アソシエーションという独立組織を立ち上げるまでには、何年もの年月を要した。最初は補助的な教会活動として定期的に会議を開き、そこでウィロウクリーク・モデルについて他宗派の牧師たちの要請に応じて教えるという形で、試験的に指導者養成を始めた。一九八六年の第一回会議には二六名が参加したが、一九九二年には世界中から四〇〇〇～五〇〇〇名が集まるようになった。小さな水の流れは、当然ながら大きなうねりとなっていた。会議の需要がここまで大きくなると、牧師や教会組織の教育だけを目的とする専門の独立組織が必要であることは、教会側も認めざるを得なかった。

ハイベルズは、一九九二年にウィロウクリーク方式を教えるカリキュラムを提供する組織として、ウィロウクリーク・アソシエーション（WCA）を設立した。彼は教会の内外からスタッフを集め、新組織の立ち上げという任務を与えた。その過程を見ると、ウィロウクリークがいかに「三つの箱」のバランスを上手にとっていたかがわかる。ハイベルズは、内部と外部からのスタッフによる専門チーム（WCA）を使って、BOX2の防御策をつくった。専門チーム（WCA）はパフォーマンス・エンジンから隔離されていたが、ウィロウクリーク・コミュニティ・チャーチの主要資産である「ウィロウ方式」を構成する基本知識、最高の実践法を借りていた。

WCAの成功は、**ハイブリッドな組織モデル**を生み出した結果である。「分離しているが関係性のある」組織が、BOX3のイノベーションを実行するのだ。

その間ずっと、ウィロウクリーク・コミュニティ・チャーチは神の言葉を説くという、BOX1の事業を続けていた（表5－1を参照）。

WCAには独自の使命があった。ウィロウクリークとは関係ない教会の指導者たちが、ウィロウクリークと同じような新しいタイプの教会を設立できるよう指導するのだ。WCAは、興味がある人なら

表5－1　ウィロウクリーク——BOX1 VS BOX3

ウィロウクリーク・コミュニティ・チャーチとWCA

ビジネスモデルの構成要素	ウィロウクリーク・コミュニティ・チャーチ（BOX1）	ウィロウクリーク・アソシエーション（BOX3）
顧客	・「教会に行かないハリー／メアリー」あるいは「探求者」 ・信徒（教会員）	・キリスト教会の指導者 ・最初の消費者（初期の利用者、革新者）
価値命題	・称賛（神を讃える） ・教化（信仰を深める） ・伝道（「教会に行かない人たち」に働きかける） ・社会活動（「世界の良心」）	・運営面でのイノベーションを広める ・教会の繁栄を助ける
価値連鎖の構造	・礼拝で、音楽、ドラマ、マルチメディアを使う ・聖書を現代の文脈で伝える ・「教会に行かない人たち」に働きかける七つのステップの戦略	・小グループのセミナー形式 ・戦略とリーダーシップを中心としたカリキュラム ・グローバル・リーダーシップ・サミット
コンピテンシー	・神学の勉強 ・教会に行かない人を改宗させる	・思想的指導者、思想の実践者 ・教育の専門知識／学習方法 ・ビジネスの専門知識

誰にでもカリキュラムを提供することで、礼拝のあとにハイベルズに質問を浴びせようと待ち構える牧師たちの行列を消滅させた。やがてWCAは福音派の新たなジャンルとなり、ウィロウクリークのやり方が世界中の教会に広まっていった。

ジム・メラードがウィロウクリークと出合う

WCAの会議が勢いを増していた頃、ジム・メラードというキリスト教福音派の青年が韓国のソウルを訪ねていた。一九八八年の夏のオリンピックで、母国エルサルバドルの代表として十種競技に出場するためだった。韓国滞在中にいくつかキリスト教会を訪ねたメラードは、この国でキリスト教が相当な宗教勢力に成長していることに驚嘆した。朝鮮戦争の最中の一九五二年には、「キリスト教の信者は皆無だったんです」とメラードは言う。「それがいまでは、ある概算によると韓国の人口の二五パーセント以上がキリスト教信者なんです。世界最大級の教会が、この国にはいくつもあるんです。実際に**世界最大の**教会もあるんですよ」。彼は、韓国のキリスト教の活力に感銘を受け、「教会が正しく活動し、実際に人々に仕えるという任務を果たしたらこんな風になるんだと、本当に感動しました」と語った。

韓国から帰国して何か月か過ぎた頃、メラードはウィロウクリーク・コミュニティ・チャーチに誘われた。好奇心に駆られて行ってみると、「一万五〇〇〇人ほどの人が集まっていました。韓国で見た教会より小規模ではありましたが、アメリカではかなりの規模ですよね。で、この会議でこの教会について学びました。二日半ほどいましたが、それだけでした」

その頃、メラードは父親からMBAを取得するよう強く勧められていた。彼はすでに工学の学士号は持っていたが、同じくエンジニアだった父親はさらにビジネスの資格を取れば工学の経歴に箔がつくと考えていた。「それで父の機嫌をとるために、願書を書いて思ったんです。『いっそハーバードに願書を出そう。どうせ受かるわけ、ないんだから』と」。ところが、結果は合格。彼は進学を決めた。

ハーバードで、メラードはピーター・ドラッカーの記事を目にした。そこには、ウィロウクリークをはじめとした非営利組織が、羨ましいほど効率的なビジネスモデルを使って運営されていると書かれていた[10]。ドラッカーは実例を挙げて、多くの非営利組織がいくつかの分野において、「ほとんどの企業が口で説くしかできないことを、実践している」と論じていた。メラードが同級生にウィロウクリークを訪問したときの話をしたところ、教授陣の一人であるレン・シュレジンガーに伝わった。メラードは語る。「教授に呼ばれて、教会のことをいろいろ訊かれたんです。教授は、『どうしてピーター・ドラッカーは、教会なんかに興味を持ったんだろう?』と思ったようですが、話しているうちに『この教会について、一緒にケース・スタディを書いてみないか？』と持ちかけられ、びっくりしました」

このような経緯を経て、ハーバードで一九九一年にMBAを取得したジム・メラードは、最終的にWCAに加わることになった。クリスチャンとしてのルーツ、オリンピックで韓国に行ったこと、その直後にウィロウクリークを訪ねたこと、そしてケース・スタディのリサーチでハイベルズに出会ったことで、彼の天職は教会にあると確信するに至ったのだ。一九九二年、ハイベルズからWCAに入らないかと誘われて、彼はそのチャンスに飛びついた。「僕は六人目の従業員でした」と彼は語る。その彼が一九九三年には、理事長となっていた。

教会指導者のためのMBA

メラードによると、WCAの使命は「教会の繁栄を助けること。具体的には教会内で革新的な考えが生まれてくるよう、教会指導者がその触媒者になるための装備を与えるんです」。WCAの創設時の考え方は、指導者が歩むように教会も歩むということだった。だからこそ、優秀でクリエイティブな教会指導者を育てようとしたのだ。

伝統的な教会の指導者がもっとも受け入れがたいコンセプトは、ウィロウクリーク型モデルに深く埋め込まれている直観に反した使命だった。つまり、**まだ存在しない会員のためにつくられた教会**であるということだ。すでに教会員となった人ではなく、まだ商品を買っていない顧客のことを考えているのだ。既存客ではなく、まだ商品を買っていない客に焦点を当てるウィロウクリークのやり方は、BOX3とBOX1の違いをよく示している。BOX3の思考は、存在はしているがまだ目には見えないチャンスを実現していくのだ。

BOX1の考え方は心地よく、威圧的でないが、BOX3の考え方は大多数の人とは反対の異端の意見のように思える。ウィロウクリークのケース・スタディを最初に授業で取り上げたとき、ハーバードMBAのメラードの同級生はこう言ったそうだ。ウィロウクリークの教会が顧客でない人たちに働きかける活動は、「飛行機のビジネスクラスに頻繁に乗るマイレージ会員で、正規料金で飛んでいる人たちをエコノミーに移動させ、初めての飛行機を怖がっている客を、初フライトが最高の経験となるようにファーストクラスに乗せるようなものじゃないか」と。

だが、メラードはこう指摘する。そもそもキリスト教の布教はキリストのわずかな弟子が始めたが、何よりもまず信者ではない人たちに働きかけることで、あっという間に三〇〇万人の信者を得たのだと。ハイベルズが最初に思い描いた教会にも、独自の伝道精神があった。WCAの仕事は人々に働きかけ、仕えるという使命を明確に示すこと。そして未来を築くウィロウクリーク型の教会を、不快感を与えることなく、理に適ったクリエイティブな形で示すことだった。

ウィロウクリークの成功のもう一つの核心部分は、創立者たちが戦略に基づいて教会をつくったことだ。「**戦略と教会**というのは、なかなか結びつかない言葉ですけど」とメラードは言う。ビジネススクールの教授や学生を含め、精神性の探求にビジネスの規律を応用するのは適切ではないと言う人もいた。宗教活動は、ナイキのスニーカーを売るのとはまったく違うことだ、宗教は個人の内面の問題であり、信仰は戦略の対象にはならないと。

ハイベルズは、そうは思わなかった。宗教を受け入れることや、ある宗教から別の宗教に改宗することは非常に個人的なことかもしれないが、探求者がそのような決断を下すための情報や体験を提供することについては、戦略を受け入れる余地があるはずだ。ハイベルズはこう語っている。「人々が精神的、身体的、感情的、経験知的に必要としているものを教会が提供することは、靴を売ることよりも重要だと私は考えているんですけどね。私には自分の脳だけを切り離して、戦略も資質もなしに、相手の時間を無駄にして、何も意図しないでいるなんてできませんよ」

ウィロウクリークは、意図することで成り立っている。彼らは探求者が信仰を受け入れるか否か、彼らの内面の決断を尊重していたが、その決断の手助けとなるものについては、どのように信仰を勧めるか、すべて戦略的に考えていた。だからといって、ウィロウクリークは教会設立の基礎となっているプロテスタントの信仰体系の質を落とすことはしなかった。ただ、ＷＣＡにはキリスト教のさまざまな宗派の牧師がやってきたので、ＷＣＡのカリキュラムは神学体系よりも、信仰、布教、そして効率的な教会の運営管理面でのウィロウクリークのイノベーションに重きを置いた。

設立当時のウィロウクリーク・コミュニティ・チャーチがどれほど並外れた組織であったか、強調してもしすぎることはないと思う。確かにその独自性は、ハイベルズのそれまでのビジネス経験や教育に負っていたのは事実だ。だがハイベルズの想いの核心部分は、一〇代の頃、無宗教の人が増えていく中で、多くの教会がそのひどい状況に無関心であったことだった。本来は一九七五年の時点で解決すべき問題を、WCAは新たな次元で解決したのだ。

WCAのアイデアは、そもそもはハイベルズが質問攻めから解放されるために思いついたことだったが、これはまるで感染症のように周囲に広がる可能性のある手法だった。指導者や革新者となるべくWCAで研修を受けた牧師たちの世界的なネットワークをつくったなら、それぞれの牧師が何か独自のものを新たに加えて、無宗教の人たちにウィロウクリークをアピールするための戦力部隊となっただろう。

アーリーアダプターを見つける

WCAの形ができあがりつつある中でメラードは、社会学者でコミュニケーション学者でもあるエベレット・Ｍ・ロジャーズと出会った。ロジャーズはイノベーションがどのように広がり、受け入れられていくかを理解する画期的な枠組みを開発した。(「アーリーアダプター」という用語をつくったのも彼の功績である)[11]。メラードは彼を探し出し、ＷＣＡの活動を見てほしいと招待した。「彼はＷＣＡで一日過ごして、こう言ったんです。『君たちは恵まれている、すばらしい！ウィロウクリークは画期的なイノベーションで、磁石のように人を引きつける。だから、君たちはよその教会まで行って、君たちのやり方を教えなくてもいい。君たちは苦もなく拡散ネットワークになっている。あちらから、みんな君たちのところにやってくるんだから』と」

それでも、とロジャーズは言った。「ウィロウクリークに大挙してやってくる人たちについて、見極めるべき大事なことがある。興味を持ってやってきた教会や牧師の中から、イノベーターかアーリーアダプターになる可能性が高い人たちにターゲットを絞ることができたら、ウィロウクリークのイノベーションの拡散はもっと加速するだろう」

このアドバイスを参考に、メラードは冒険心が旺盛で、リスクに寛容そうな牧師や教会を念入りに特定した。彼は言う。「それ以降、革新的な組織や個人の特徴を注意して見るようになりました。そういう人たちは、教養があって、教会も大規模だという傾向がありました。また高度なコミュニケーションが必要な国際的なセンターに配置されていることが多く、牧師の場合は会議やセミナーによく参加して情報収集をしているタイプでした」

メラードによると、WCAはもっとも冒険心がありそうな人たちを積極的に追ったという。ただし、「ほかの人たちはどうでもよかったわけではありません。こちらの人材が限られていたからです。イノベーターやアーリーアダプターに働きかけることによって、結果的にほかの人たちにも働きかけることができるとわかっていたからです」。WCAは、もっとも革新的な指導者や教会に積極的にアピールすることをマーケティング戦略とした。

WCAの会議に参加し、そこで習ったことを実践して伝道している人たちの多くが、自分の所属する宗派の大会よりもウィロウクリークの会議のほうに親しみを感じるとメラードに打ち明けたという。「それは、彼らが革新的な人たちと交流したからです。革新的な人は、同じく革新的な人からもっとも多くを学ぶ傾向がありますから」とメラードは語った。

WCAの会員の三分の一は、特定の宗派には属していない人たちだ。つまり、ウィロウクリークが彼らにとって唯一の所属組織なのである。メラードによると、残りの会員が所属する宗派は九〇以上あり、すべてのキリスト教会を網羅している。

ウィロウクリーク方式の導入、適用について教えるWCAの会議、研修プログラムは長期にわたって大成功を収めた。「出席者数と収益が二〇パーセントの複合年間成長率を一五年連続で達成したんです」とメラードは言う。「かなり長期の成功ですよね」

BOX3のイノベーション(3)
グローバル・リーダーシップ・サミット

だが、BOX2の存在にも重要な意味合いがある。その一五年の間にWCAは知らず知らずのうちに「ちょっとした教会会議という産業を創出していたんです」とメラードは言う。全米、および全世界の教会指導者がWCAのイベントに参加するようになり、出席者側も自らが学んだことを皆と共有したいと考えるようになった。やがて、次世代の教会がいくつか独自の革新的イベントを開催するようになった。新しい花が開いたことで、必然的にWCAの出席者数も浸食されるようになった。

一九九二年時点では、WCAはBOX3の新たな活動だったが、どんなBOX3の冒険的事業であっても、いずれBOX1の事業に変貌するのは当然のことである。WCAという組織が大きくなってパフォーマンス・エンジンになると、メラードのチームは線形のBOX1のイノベーションをいくつか実行した。まず、特定の牧師向けの特別な会議や研修プログラムを取り揃えた。例えば、子ども向けの牧師、学生向けの牧師、小グループの牧師、芸術分野の牧師など。ブランドを拡大したことで注目も収益も集まり、プログラムはその後も繁栄した。だが二〇〇七年になると、ＷＣＡをまったく新しいものにつくり替える必要性を突きつけられた。この気づきによって、ＷＣＡは五年間の移行、および変貌期間を迎える。

二〇〇八年後半にかけて世界的金融恐慌が始まると、会議の出席者数が激減した。この低迷と時を同じくするかのようにはっきりと見えてきたのは、ＷＣＡがウィロウクリーク方式の教会指導者養成という市場を採掘し尽くしたという事実だった。「その頃には、ウィロウクリークのような教会が何千もできていたんです」とメラードは言う。

ＷＣＡは、難しい判断を迫られた。一〇年以上もともにイベントを主催して、伝説のカリキュラムをつくり上げてきたスタッフが約一五〇名いたが、収益と出席者数の減少率が最盛期の成長率に匹敵するようになると、ＷＣＡはそれだけのスタッフを雇っていられなくなった。ＢＯＸ2の動きとして、ＷＣＡは三回にわたってスタッフの三分の二を解雇した。

後継者のイノベーション

ポートフォリオ管理の規律をつくる教会はほとんどないと思うが、伝道者の書とともにビジネスについてもしっかりと教育を受けたハイベルズは、ウィロウクリークでそれを実践した。「一年を通じて、うちの教会ではきちんと統制がとれたリーダーシップのリズムのようなものがありました」と彼は語る。「一月には、シニアリーダーを三日間集めて、教会の牧師全員を評価しました。『うまくいっていることは？　いっていないことは？　好調なのは？　**止めなくてはいけないこ**とは？　どんなBOX3の新しいアイデアを始めるべき？』と」。ウィロウクリークでは、これを年に二回実施している。これで、全員がBOX2の重要性にしっかり気づくことができる。「止めるべきことは何か？」という質問に向き合わないでいると、そのうち本当に危機がやってくる。これがほとんどの企業の実態である。

WCAの幹部チームが「次は何をなすべきか」を考えたのも、単なる直観やまぐれ当たりではなく、彼らの組織のプロセスに沿ったものだった。その結果、生まれたのが、「グローバル・リーダーシップ・サミット」だった。これはウィロウクリーク方式をどうやって導入するかという、どちらかというと内向きのカリキュラムと比べて、かなり外向きの将来を見通した内容のフォーラムだった。

この催しの狙いは、WCAのメンバーに世界を代表する幅広い思想的指導者や思想の実践者に触れてもらうことだった。イベントの根本精神は内向きとは正反対の、面白いアイデアがあればキリスト教世界はもちろんのこと、それ以外の世界からも取り入れようというものだった。最初は成功の確信もないまま始めた実験的なイベントだったが、実際にやってみると大成功となり、このサミットが急速に成長したことで、そもそものWCA会議は廃止されることになった。

メラードは、グローバル・リーダーシップ・サミットに関して、非常にオープンな心構えでゲストを選ぶことに情熱を注いだ。そう、ハーバード・ビジネス・スクールが、ケース・スタディとして教会を取り上げたのと同じようなオープンな心で。そのため講演者選びの基準は神学的な見地ではなく、思考のクオリティー、あるいは独自の視点に置いていた。グローバル・リーダーシップ・サミットに登壇した講演者は、GEのCEO、ジェフ・イメルトから英国のトニー・ブレア首相、映画監督で俳優、また慈善家でもあるタイラー・ペリーまで多岐にわたった。私も、二〇一三年に「三つの箱の解決法」について講演をしている。

「時宜を得る」ことと、「時を超える」ことを融合させる

BOX3の思考の産物は、時宜を得たものと、時を超えたものの両方を併せ持っていることが多い。時宜を得たもので言えば、BOX3のすばらしいイノベーションは何か新しくて、まったく違うものから生み出される。ちょうどテクノロジーや、ビジネスモデルのアイデアが一瞬でひらめくように。だがそのイノベーションは、それをつくり出した組織に染み込んだ、深くて永続

的な価値観を内在していないとなかなか成功しない。これが「三つの箱の解決法」の特徴の一つでもある。このモデルは、過去にはなかったが、その後、何世代にもわたって続いていくであろう価値に基づくアイデアと実践が融合したもの、つまり時を超えた価値である。ウィロウクリークが、教会の優れたリーダーシップというものを超えて、教会とは特に関係のないイベントをつくり出したのは、明らかに非線形の行動だった。だがこのサミットは、ウィロウクリークの時を超えた価値を真に具体化したものでもあった。広く一般世界に働きかけ、外の世界を迎え入れて理解しようという強い覚悟、そして教会にも一貫した運営や戦略の哲学がなくてはいけないという強い信念だ。

「リーダーは、常に『三つの箱』のバランスをとらなくてはいけません」とメラードは言う。「夢を見ながら食べていくには、BOX1か、BOX2か、BOX3のどれか一つではダメなんです。リーダーたる者、『三つの箱』すべてが必要です。リーダーは、それぞれの箱に別々の運営が必要であることを知らないといけません。BOX1では顕微鏡を覗かなくてはいけませんが、BOX3では顕微鏡ではなく、望遠鏡が必要になります。箱の境界線も関係なく動き回るのが、優秀なCEOの特徴ですよ」

現在、WCAの会員となっている教会は、九〇か国に七〇〇〇もある。グローバル・リーダーシップ・サミットは、年に一回、イリノイ州サウスバーリントンのウィロウクリーク本部で開催されている。二〇一四年のサミット参加者は、会場に集まった九万五〇〇〇人の教会指導者と、全世界で中継を視聴した一三万人を合わせ、全部で二二万五〇〇〇人だった。

ウィロウクリークは、「三つの箱の解決法」の産物と言えるだろう。ハイベルズの考える教会が伝統的な枠組みを超えないものであったなら、またウィロウクリークが神の意志によってこのような形になることを彼が許容できていなかったら、このイノベーションは生まれなかった。それよりもっと重要なのは、ウィロウクリークが「維持、忘却、創造」のサイクルを制度として組み入れたことだろう。この三つのそれぞれに、ふさわしい時期があったのだ。

ウィロウクリークは、使命、行動、イノベーションを実行可能なBOX1のプロセスに変換することができた。そのプロセスは、現在進行形のBOX2の精査の対象となり、公開調査のカルチャーが生まれ、それがBOX3の実験をする余地をさらに生んだのだ。

常にバランスをとる

現在進行形の公開調査の精神は、「三つの箱の解決法」の重要な副産物である。これは、私が「変化をためらわないカルチャー」と名づけたものに欠かせないものだ。滅多に起こらない変化が、危機の結果としてたまに起きると、人は困難を感じて変化を嫌がり抵抗する。「三つの箱の解決法」は、**切れ目なく続く**変化に対処する方法に他ならない。この対処法を日々の小さな行動として実践すれば、時間を経て、劇的な変化や持続可能な心構えがつくられていく。

私は、タタ・コンサルタンシー・サービシズ（TCS）で「変化をためらわないカルチャー」が発展していく様を観察する機会を得た。この会社は年月をかけて、機会あるごとにビジネスモデルや戦略や運営方法を変えていった。その結果、彼らは時代の変化率についていっただけでなく、それを見越して特定できたのである。このような運営がされていなければ、TCSはコールセンター売却（第3章のコラムで既述）という先見の明も勇気も持てなかっただろう。彼らはトラブル発生の明らかな予兆が出てくる前に、コールセンター事業が順調なうちに、このような行動をとったことを思い出してほしい。

コラム

BOX1を超えて雇用する

コールセンター事業の売却を進めていた頃、タタ・コンサルタンシー・サービシズは戦略的な未来のために、人事部門刷新の作業に入っていた。多くの企業では、人事部門は単調な仕事をしていて、邪魔をしてはいけない部署だと思われているが、CEOのラマドライ（ラムの呼び名で知られる）を筆頭にTCSの経営陣は、それまで主に事務管理に携わっていた人事部門の在り方や任務に疑問を抱くようになっていた。ラムによると、「（人事部門は）新たな人材をスカウトする役目をほとんど、あるいはまったく果たしていませんでした」[12]。これを変えなければ、TCSの人事部門はコールセンターの買い手探しの能力はあっても、もっと野心的な仕事をする能力は育たないままだっただろう。

顧客の戦略的な目標に焦点を当てたビジネスをする方向に軌道修正していたTCSは、従業員の戦略的能力をもっと育てていきたいと考えていた。そのうえ、多様な先進的ITスキルだけでなく、洗練されたコンサルティング能力、TCSが入札契約をしたいと考えているさまざまな業界の競争状況の理解力も必要だった。ラムは言う。「我が社は新入社員についてはきちんと体系だった採用制度がありましたが、我が社が必要とするIT以外のセクターの専門知識やコンサルティング能力があり、人材の多様性を実現してくれる経験豊富な人を採用した経験はあまりなかったんです」

ラムは、このような採用計画を成功させるためにも、人事部門を全面的に改造しなくてはいけないと感じていたが、そこには突出して欠落している部分があった。人事部門は各事業部から隔絶されていたので、「人事部門の部長たちは、事業運営の経験がほぼなかったんです」。これは大きな問題だった。「なぜなら、IT企業の重要な機能の一つは、プロジェクトごとの人の配置なんです。プロジェクトの移行期間にスタッフが『ベンチを温める』時間を最小限にしながら、いいタイミングでプロジェクトが必要とする能力を持つスタッフをマッチさせるのは至難の業ですから」[13]

結果的に、ラムは人事部門の機能を徹底的に見直す任務を事業運営の名人に任せることにした。パディの呼び名で知られるS・パドマナバンは、「TCSに勤続二〇年の物腰の柔らかい温和な性格で、ゼロから事業を立ち上げてきた人物でした」[14]。だが彼は、この任務に就くことに心から同意していたわけではなかった。ラムによると、TCSは「通常の人事の能力とコンピテンシーでインドのIT技術者をスカウトしてアメリカの会社に売り込み、コストの価格差で儲ける企業と思われていたんです……。パディは今回の改革で自分は能力を発揮できないと思っていたようですが、私は彼にこの困難な役目を担って、変えていってほしかったんです」[15]。

そこでラムは、パディに自分が率いていきたいと思う人事部門をつくる自由裁量権を与えた。TCSは迅速に新たなことを学んで吸収できる組織に生まれ変わらなくてはいけなかった。パディはあえて、この挑戦の渦中に何度も飛び込んでいった。例えば、TCSはアメリカの大口顧客の事業をうまく立ち上げられず困っていた。パディは何が問題なのかを理解するため、顧客に会いにいった。ラムによると、「顧客は(パディに)、『うちの従業員が御社のチームの提案に脅威を感じている』と話したそうです。顧客の従業員は全員がアメリカ人で男女半々の割合だったのに、我が社のチームは『全員インド人男性』で構成されていたのです。これは、多様性という価値観を学ぶ機会となりました。これ以降、地元の営業担当を雇うようになり、どこの事業所でも女性の雇用に力を入れるようになりました」[16]。

最終的に、パディは人事部を五つの分野にグループ分けをして再建した。生産性向上、人材採用、人材維持、リーダーの能力開発、そして指導者継承計画と、どれも戦略的で「計画的な日和見主義」を組織的に実践する可能性を高めてくれるグループだ。

最初はラムの下で、次に二〇〇九年にCEOとなったN・チャンドラセカランの下で、TCSの売上は一九九八年の五億ドルから、二〇一四年には一二〇億ドルと、一五年余りの間に二四倍の成長を見せた。再建した人事部門の機能は、TCSの成長に大きな貢献をした。TCSがコールセンター事業を売却していなければ、その後も人事部門は入れ替わりの激しいコールセンターの代表探しに追われ、未来に向けた事業に着手することはなかっただろう。

自分は**現時点で**どういう存在で、何をやっているかを認識しているかどうか、またその認識が自分の未来への感覚と一致しているかどうかで、バランスがうまくとれるかどうかが決まる。T

CSは、このおかげでコールセンター事業は自分たちの中心的な目標にそぐわない、自分たちの時間を超えた価値観に合わない、自分たちの将来につながる道筋ではないと気づいたのだ。だが、このような気づきを得ることと、好調な事業を自ら閉鎖する行為に出ることの違いは大きい。実際に行動を起こすには、自信が持てる戦略と、CEOのS・ラマドライのような断固としたリーダーシップが必要だ。コールセンターの売却は、別のもののために障害物を除去するという極端なBOX2の行動だったが、人事部門の再建もそれと同じくらい重要だった（コラム「BOX1を超えて雇用する」を参照）。

CEOのラマドライは、TCSに三七年在籍したのち、二〇〇九年に退任。チャンドラの呼び名で知られるN・チャンドラセカランが後任としてTCSの変革を引き継いだ。第4章で紹介したユナイテッド・レンタルズ（URI）で私が注目したことの一つに、世界的金融不況という環境のせいで、URIが戦略変更を余儀なくされた点がある。URIが業界他社よりも先に、熟慮して標的を定めたうえでの経費削減を遂行していたことは、思いがけない偶然だった。その結果、景気低迷期であっても、URIは業界の競争構造を根本から変えるという長期目標に向けて、戦略的な投資をすることができた。URIが自信を取り戻し、変化への心構えを育てたことで、次々と起こる変化の中で舵取りをする能力は向上した。

TCSも同様に、二〇〇九年初頭、世界的金融不況の中で新たな戦略的投資を行った。彼らも

URIのように、洗練されたデジタル組織であれば顧客に良いサービスを提供できるだろうと理解を深めていたのだ。彼らはハズブロのように、先進テクノロジーから「弱いシグナル」を読み取って、創造的に将来のチャンスを推測したのだ。有望だが、物議もかもす「インターネット・オブ・シングス」も、その先進テクノロジーの一つだった。これは、常に情報を収集、分析、共有するセンサーが埋め込まれた広範に広がるネットワークで結ばれたデバイスで構成される。これを受けてTCSは、二〇一〇年の初めにデジタルビジネス戦略に内在するビジネスチャンスについて、顧客にアドバイスをする取り組みをいくつも始めた。TCSもIBMのように、クラウドやビッグデータ分析に大々的に賭けているのだ。

変化への心構えというカルチャーに関して言えば、「計画的な日和見主義」の取り組みを幅広く取り揃え、バランスのとれた「三つの箱の解決法」を実践することで、このカルチャーが力を増す。「計画的な日和見主義」の取り組みは、単なるその場しのぎではなく、プログラムに沿ったものであるべきだ。現在のためだけではなく、将来、基本的な任務を遂行できる人材を雇用できるように行われたTCSの人事部門改革がそのいい例だろう。あるいは将来、URIに求められるものを考えたうえで、現時点でどう変化していくかを話し合うために、マイク・ニーランドが従業員とのミーティングを重ねたことも良い例だろう。これで読者の皆さんにも、おわかりいただけたのではないだろうか。変化への心構えというカルチャーが「三つの箱の解決法」に必要なのではなく、「三つの箱の解決法」が時間の経過とともに、変化への心構えというカルチャーを**つくっていく**のだと。

最後の第6章では、「三つの箱の解決法」におけるリーダーの役割についてお話ししよう。だがその前に、第1章のハズブロのブライアン・ゴールドナーの事例を思い出してほしい。ゴールドナーは「三つの箱」のバランスをとることが自分の基本的な責任だと認識して、毎週、それぞれの箱に十分な時間と関心を傾けたかを確認していた。

ジム・メラードも言っていたが、「箱の境界線も関係なく移動する」ことは、バランスのとれた企業のリーダーが常にやらなくてはいけないことだ。『摩天楼を夢みて』(訳注：一九九二年公開のアメリカ映画)で不動産の営業マンが、「常に契約をまとめろ」と言われていたように、持続可能な事業のリーダーは常にバランスをとる必要がある。この任務を果たすには、非線形のアイデアや実践可能なプロセス以上のものが必要となる。それが、六つの行動様式だ。これについては、次章でマヒンドラ・グループのリーダーシップの事例を参考に話していこう。

重要ポイント

◆顧客でない人の問題対処に時間や創造的エネルギーを費やすのは、直観に反した非線形の戦略

である。

企業が既存顧客だけに対応するのは、非常に簡単なことだ。だが、多くの教会が一九六〇年代から一九七〇年代の信者減少期に学んだのは、信者をライバルの教会から引き抜くというゼロサムゲームをする以外には、非顧客層から信者を引き出すしかないということだった。多くの企業は、非顧客層が抱える問題についてはほとんど考えない。

◆非線形の飛躍的なアイデアは、よその線形型活動から生まれることがある。

若い頃のビル・ハイベルズは、海外の伝道モデルを逆輸入することを思いついた。マクドナルドの創業者、レイ・クロックは、製造工場で見た組み立てラインをレストランにも導入しようと考え、革新的なファストフードのビジネスモデルを立ち上げた。自分からかけ離れている分野の戦略やビジネスモデルに関連性を見出すのは、BOX3的思考である。ハイベルズが教会に行かない人のための教会を設立しようと思い立ったとき、彼には「創造力溢れるアイデア借用人」の直観があったのだろう。

◆「維持、忘却、創造」は、刷新の循環プロセスである。

気候は、私たちが観察できる形で季節の変化を知らせてくれる。企業も自らを否定しない限り、さまざまな事業の業績を測定することで、サイクルの変化の予兆に気づくことができる。また「弱いシグナル」やタイミングの合った非線形のＢＯＸ３のアイデアから、新たなトレンドに気づくこともある。季節の変化に私たちの力は必要ないが、ビジネスにはきちんとした定期的なマインドフルネスが必要だ。

感傷的でないＢＯＸ２の実践とプロセスから成る規律は、刷新のサイクルを可能にするためにも必要だ。

とは言え、ビジネスは習慣と感傷主義の犠牲になるものだ。「何を止めるべきなのか？」という問いを、多くの企業はつらすぎて自問できないでいる。そのため「三つの箱の解決法」を成功させるには、この自問自答と、それ以外のＢＯＸ２の中心的な問いかけをするプログラムに則ったメカニズムが必要だ。ウィロウクリーク、ハズブロ、ＩＢＭ、タタ・コンサルタンシー・サービシズなどは、運営プロセス、組織構造、経営態度を通じて「三つの箱」のバランスをとることに専心した。

研修は過小評価され、非効率に計画され、（それらの理由から）十分に活用されていない。

基本的な価値観や戦略を上手に実行することが危うくなっているときには、研修が欠かせない。教会に通わない人たちに信仰心を抱かせるというウィロウクリークの使命は、抜かりのない四週間の研修プログラムを必要とするほど重要だったのだ。

「三つの箱」のバランスをとることの利点の一つは、変化の心構えのカルチャーが生まれることだ。

なぜなら「三つの箱の解決法」は、絶え間なく続く変化のための道具であり、日々の小さな積み重ねという作業によって達成される。企業が変化は運営上、常に起こっていると考えることに慣れてきたら、不快感やあからさまな抵抗感を抱かなくなる。

ツール

ツール1――あなたの組織の「三つの箱」のバランスを調べよう

1　ウィロウクリークの指導者は、組織内の「三つの箱」のバランスを評価するため、年に二度、集まっている。あなたの組織では、どのようなツールや行動がどんなものに焦点を当てているだろうか……。

・何がうまくいっているか？
・何がうまくいってないか？
・全盛期を過ぎたものは何か？
・前進するために、新しく何を生み出せばいいか？

2　今後一〇年の経営陣の任務は何か？
長期的成長の目標は？　利益目標は？

3　あなたの組織が現在いる場所と、一〇年後にいたい場所との差を述べよ。

4　現在の全プロジェクトをBOX1、2、3に分類せよ。

ツール2――あなたの組織の「三つの箱」のバランスをとろう

1　線形（BOX1）、非線形（BOX2、BOX3）イノベーションの現在のポートフォリオは、現在の居場所と一〇年後にありたい場所とのギャップを埋めてくれるだろうか？

2　埋めてくれない場合、そのギャップを埋めるために、線形、非線形プロジェクトのポートフォリオのバランスをどうやってとればよいか？

3　今年、そのギャップを埋める活動として、トータルでどれだけのリソースを配置できるか？

4　そのリソースを、BOX1、2、3にどれだけ振り分けるか？

5　BOX2と3に割り当てたリソースを守るために、どのようなメカニズムが整っているか？

6　あなたの組織では、基本的な価値観や「三つの箱」の上手な実践方法について、従業員にどのような研修をさせているか？

7 あなたの業界での変化率は？

8 あなたの会社内での変化率は？

9 会社内の変化率は、業界の変化率よりも速いか？ もし速ければ、「三つの箱」の健全なバランスがとれているということだ。

第6章

革新的なイノベーション

第5章では、ウィロウクリーク・コミュニティ・チャーチが目的を持ってシステムを設計したこと、また何度も繰り返し行った活動を例にとって、プロセスという視点から「三つの箱の解決法」を見てきた。この最終章では、バランスをとるためにリーダーがとるべき行動様式を見ていこう。リーダーの行動様式は、次のタイプに分類できる。(1)過去の罠にはまらないようにする、(2)「弱いシグナル」を見逃さない、(3)日々、未来を築く、(4)実験をしながら学んでいく、(5)「計画的な日和見主義」を実践する、(6)「自分が制御できる馬」に投資する(表6－1を参照)。

本章では、「三つの箱の解決法」を実践するリーダーシップの研究対象として興味深い企業を選んだ。インドに本拠地を置き、鉄鋼、自動車、農機具、金融、サービス業と幅広い業種でビジネスを展開しているマヒンドラ・グループだ。これほどバラエティに富んだ企業を固く団結させて

BOX3
未来を創出する

BOX3の役目は、未来の成長材料を供給すること。パフォーマンス・エンジンとは明らかに違う戦略的な使命である。

BOX3には「弱いシグナル」を察知して、非線形のビジネスのアイデアを発案できる異端者、アウトサイダーが必要だ。リーダーは彼らのアイデアを吸い上げ、その活動を未来の構築のためにバックアップする。

BOX3の「未来」は「いま」だ。未来への最高のアイデアは、非線形で過去とつながりがないもの。非線形のアイデアを発案して実行するには、BOX1の事業の支配論理や習慣や構造にとらわれない専門チームが必要だ。チームに邪魔が入らないよう隔離しながら、チームが必要とするパフォーマンス・エンジンの資源を使えるよう権限を与える。

BOX3の実験は、重要な仮説の有効性を何度も反復してテストすることで確実性を増す。自信や修正やタイムリーな出口戦略へと導くものが、重要な仮説となる。目標は、投資を理性的に管理すること。BOX3のイニシアチブをとるリーダーは、学習能力、迅速な適応力で評価されるべき。短期的な財政目標に向かう姿勢で評価されてはいけない。

新たなスキルや能力のためのプラットフォームをつくり、実験の規範を採用することが、変化に対応するための完璧な準備となる。未来がどこにあるのかを察知する感覚を進化させる。

自分が制御できることに焦点を当てることが、BOX3では大きな成果を生む。イノベーションは時に混沌状態に思えるが、実際は制御可能要因と秩序ある(反復的)進歩を重視する実験の上に築かれる。

表6-1 「三つの箱」の六つのリーダーの行動様式

	BOX1 現在を管理する	BOX2 過去を選択的に忘れる
過去の罠にはまらないようにする	BOX1のパフォーマンス・エンジンに従事する人は、過去を罠ではなく、いろいろなものを与えてくれる恵みだととらえている。	BOX2は過去というゴミを掃き出して、未来の材料となる新たな非線形アイデアを締め出してしまう古いアイデアや習慣を一掃する。
長期的なトレンドや非線形の転換点を示している可能性のある「弱いシグナル」を見逃さない	BOX1は、現在の事業が効率的に利益をもたらすよう専念する。「弱いシグナル」は形もなく不明瞭なので、BOX1の中核的使命の邪魔になる。	BOX2は「弱いシグナル」や慣例にとらわれない意見へのアクセスを広げようとする。そのためには古いアイデアや活動といった雑音を消し去り、専門チームのような保護的構造をつくる。
未来を日々のプロセスの中で築いていき、未来は「いま」であると認識する	BOX1の「いま」は「現状」である。イノベーションはきちんと定義された枠組みの中で即興的に短期的なパフォーマンスを改善する。現在のビジネスモデルの最適化に集中する。	BOX2が専念するのは、古くなって役に立たなくなり、大胆に未来へ向かう際の障害となっている「過去」の姿勢を選択的に手放すこと。その秘訣は、すべてを手放さないこと。いまも役に立つ価値観、しかも新たな考えを受け入れる余裕のある姿勢はそのまま維持する。
実験しながら学んでいく	BOX1の実験はリスクが低く、信頼できるデータがあり、近い将来に焦点を当てている。	BOX2では、パフォーマンス・エンジンの伝統的な測定基準をなくす。実験の定義がはっきりしていないので、その成否はそこから得た学びによって判断するしかない。
変化に直面したときの柔軟性を得るために、「計画的な日和見主義」を実践する	安定したパフォーマンス・エンジンに従事する人も、変化がくるかもしれないと予測するべき。BOX1もずっと不変ではない。	確立したアイデアや行動の妥当性を継続的に評価しながら、価値のなくなったものは処分していく。BOX2は、新たな機会が来たときにすぐ動けるよう、会社の体力を維持させる。
制御できない馬に影響を与えられるよう、「自分が制御できる馬」に投資する	BOX1を脅かす可能性のあるものは、予測しやすい。景気の浮き沈み、スタッフの分裂や混乱、規制改革などに対して防御策を立てておく。	BOX2は何を残し、何を処分するかという厳しい判断を迫る。自分で制御できる環境進化への動きに焦点を当てる。例えば、BOX1で必要とされる以上のスキルを持った人材の登用など。

いるのは、部門ごとに業界の規範に合わせた権限を与えられながらも、共通の価値観や主義を訴えて部門をまとめているリーダーたちだ。

一九九一年からマヒンドラ・グループを率いるアナンド・マヒンドラについて特筆すべきは、「やればできる」というカルチャーを社内につくり出したことだ。異端のアイデアを評価し、外部の影響を歓迎し、リスクを恩恵と受け止め、選択的に忘れるという困難な作業を鋭い規律にしてしまうカルチャーだ。さらに「計画的な日和見主義」を企業レベルで実践し、各部門に裁量権を与え、それぞれが自らの運命を制御し、現在の競争に積極的に参加しつつ、未来の構築に継続的に従事できるようにした。マヒンドラは、自らの言動で「三つの箱の解決法」を体現し、それをビジネスにおいて展開するリーダーである。

プロセスも言動も、それだけでは「三つの箱の解決法」の継続を保証するものではない。筋肉と骨のように、どちらも不可欠な相互依存的な要素である。例えば、ウィロウクリークの場合は、強いリーダーシップが組織のプロセスを成功に導いた。本章で見ていくマヒンドラ・グループでも、リーダーたちの六つの行動様式だけでなく、プロセスも同様に重要な鍵を握っていた。

マヒンドラ・グループでは、壮大なBOX2の問題からリーダーシップの六つの行動様式が始まった。それまでインド政府が国内企業に対して許認可権を持つことで厳しい規制をかけ、同時に外国企業の参入を阻んでいた、いわゆるライセンス・ラージ制度が終焉したのだ。インドがイギリスから独立した一九四七年に始まったこの制度は、中央政府による計画経済として、いろいろな意味でソ連方式と比較された。誰がその業界に参入できるか、何をどれだけの量、どれくらいの値段で販売していいか、すべて政府が決めるのである。どの企業も、政府のライセンスをもらって事業運営していたので、自分たちの運命を握っている政府機関との関係を良くすることで、競争上の優位性を得ようとした。

ライセンス・ラージ制度は、国内企業を保護することで、国内に多くの企業ができて繁栄することを意図していたが、逆に企業は自己満足に陥ったり、豊かな競争心を抑えたり、イノベーションを妨げるなど、意図しなかった効果もあり、市場経済とは正反対の状況が生まれた。海外のライバル社はインドから締め出されていたので、国内の企業はどこもほぼ同じような立場にあった。

一九八〇年代には、ラインセンス・ラージ制度に時折、修正が加えられたが、一九九一年に卸売り改革が大々的に行われるまで、ほとんどそのままの形で続いていた。だが、一九九一年の改革で、ほぼすべての企業が深い学習曲線のどん底に突き落とされ、一から学ぶこととなった。

そしてライセンス・ラージ後、マヒンドラ・グループは世界的にもっとも成功した企業の一つとなった。

・二〇一五年、農機具部門が農業トラクターの販売台数でアメリカのライバル社、ジョンディア（ディア・アンド・カンパニー）を抜き、世界最大のトラクター製造会社となった。

・何十年も欧米の自動車メーカーのインド向け自動車組み立て企業として運営され、独自の自動車設計能力を発揮したことがなかったマヒンドラ・グループの自動車部門が、二〇〇二年に画期的なSUV「スコーピオ」を発表。その後も販売台数でフォード、ルノーなどのライバル社を上回っている。

・マヒンドラ・グループ全社は、世界的金融不況を考慮に入れると特に例外的な業績を上げている。売上高は、二〇〇三年の一三億五〇〇〇万ドルから、二〇一四年には一七〇億ドルと一三倍になった。株価は二〇〇二年の二二ドルから、二〇一四年には一四一八ドルとなり、六・五倍という驚異的な値上がりとなった（株価はドル換算）。

この業績は、偶然の産物ではない。アナンド・マヒンドラは、現在・過去・未来をそれぞれ公平に扱い、バランスをとって優先順位を与えてきた。彼はそのプロセスの中で、ライセンス・ラージ制度の下で自己満足に浸っていた企業を、市場競争に参加する持続可能な企業へと変身させた。

行動様式1
過去の罠にはまらない

アナンド・マヒンドラは、一九八一年にハーバード・ビジネス・スクールを卒業後、家業を継ぐためインドに戻った。当時のマヒンドラ・グループは、数々の業界にまたがる巨大だが、活気に欠ける企業だった。MBAを取得したばかりの彼は、まずグループの中心とも言える鉄鋼部門で働くことになった。

マヒンドラによると、当時の鉄鋼セクターは一握りの競合企業がいるだけの「とても居心地のいい業界」で、どの企業も同じ技術と手法を使って、同じようなクオリティーの鉄鋼を同じような値段で生産していた。このような企業群にとって、イノベーションという考えは未知のものだった。だが一九八〇年代初め、インド政府は鉄鋼業の拡大策として、マヒンドラ・ユージン・スチールをはじめとする既存の鉄鋼会社が使っていた資本集約的なアーク炉ではなく、劇的にコストの安い誘導炉を採用した企業にもライセンスを与えることにした。「それまで五社しかなかった業界に、突然、競合会社が急増したわけです」とマヒンドラは言う。「裏庭に誘導炉を設置すれば、鉄鋼会社ができるんですから」

この新技術のせいで、インドの鉄鋼業界はこれまで国内の既存企業が避けてきた危機にさらされることになった。突然、正真正銘の競争が勃発したのだ。マヒンドラは語る。「私が率いることになったのは、最盛期を過ぎてから突然、競争に放り込まれた企業でした。実際、**競争**という言葉の意味すら、知らないような」[1]

ライバル企業の参入に対処せざるを得なかったことで、その後、一九九一年にライセンス・ラージ制度が終わって混沌とした世界規模の競争に突入した際、彼はインドが直面した困難な状況を理解できた。これはある意味での前哨戦だったのかもしれないと、いまになってマヒンドラは考えている。このとき、インド企業はまさに一から競争について学ぶことになった。それは一九四七年以降、彼らにとって当たり前だったことを手放してしまうことでもあった。

優秀なプロジェクト・マネジャーであれば、規模も複雑さも巨大なプロジェクトならば、管理しやすいよう小規模なプロジェクトに小分けすることを提案するだろう。諺《ことわざ》にもあるように、「千里の道も一歩から」だ。だが、その一歩の選択がこれまた重要なのである。最初の一歩が与えるインパクトは計り知れないほど大きいし、その一歩によってその後の歩みがスムーズになるかどうかが決まる可能性もあるからだ。プロジェクト・マネジャーは、いわゆる「低いところにぶら下がっている果実」を選ぶことが多い。つまり、懐疑派に対しても、プロジェクトの全体目標の達成を簡単に説得できるような、明快で単刀直入なプロジェクトを選びがちなのである。

贈り物をボーナスに変える

一九九一年になるとアナンド・マヒンドラは、鉄鋼部門だけでなく、マヒンドラ・グループ全体を率いていた。ライセンス・ラージ制度が終わり、一刻も早く現状維持の自己満足状態から抜け出すことが当時の緊急課題だった。過去は、その企業のカルチャーとして、習慣となったプロセス、儀式のように決まっているやり方や考え方といった形で深く根づいていることが多い。それを選択的に手放すということは、過去の習慣や見込みをひっくり返し、それまでと大きく違う環境に立ち向かうことである。

マヒンドラは、毎年恒例のディワリというボーナスに手をつけるという、まさに困難な、物議を醸す変化を起こすことにした。これはヒンドゥ教のお祭り、ディワリに合わせて従業員に配るボーナスで、これまで大切にされてきた伝統であり、従業員の権利でもあり、まさに爆発を呼び起こしそうな象徴的なものだった。ボーナスは通常、格別の業績に対して支払われるものだが、ディワリのボーナスは時間の経過とともに贈り物として受け止められるようになっていた。マヒンドラはこれを、ライセンス・ラージ時代の現状維持の自己満足と、通常の市場経済の間の大きな溝の象徴ととらえていた。

要するにディワリ・ボーナスは、彼の主張をはっきり示すのに最適な伝統行事だったのだ。当時、インド経済は最悪の状況にあり、会社も窮地に陥っていた。マヒンドラも贈り物を配るような気分ではなかった。「ボーナスを支給する際、私が『何に対するボーナスなんだ?』と尋ねたら、『**いつも**配っているから、配るんです』という答えが返ってきました。だから、『ボーナスは権利じゃない、**業績**に対して配るものだ。**必要以上**の働きがあれば、**必要以上**のものを払う』と私は答えたんです」。そして彼は、ボーナス支給を取りやめた。

これを受けて、社内の状況は数日の間に悪化していった。マヒンドラがある日の午後、オフィスの窓から外を見ると、「従業員たちが列をなして工場のビルからこちらに向かって、私を血祭に上げると叫んでいました」。従業員に包囲された状態が四時間ほど続き、彼は翌日、代表者グループと話し合いをすることにした。彼によると、その席で「我われは事実を列挙していきました。この国にはお金がない、政府は市場を開いて、海外からの輸入やグローバル企業がインドで競争することを許可した。インド企業は大変な状況の中、喘《あえ》いでいる。我われは、過去のパラダイムを手放すために、この状況を利用することもできる。新たな環境下で、我われは高い労働生産性を達成する新たなプロセスを取り入れるよう強いられている。ただ出社するだけでは、ダメなんだと。『そのために、君たちも努力をしなくてはいけない。今後は、**ボーナス**は本来の意味のものとなる』と。このとき初めて、我が社は過去を忘れることに取り組むことになったんです」

不動の、そして目に見える強い信念へと導く

譲れない一線を示すのに、勇気が伴うのは当然である。だが、この例のように、はっきりと全員の目に見える形でリーダーシップを示すことの重要性は強調してもしすぎることはない。現実をしっかり踏まえて、心からの信念を表明するのであれば特にそうだ。

ディワリ・ボーナスをきっかけに、マヒンドラ・グループのいくつもの部門で数々の労働争議が起きた。中には、エンジン工場が三か月も閉鎖されるという事件もあった。この一連の出来事は、「過去を手放す」という巨大キャンペーンに対する反応としては想定内のものだった。過去を忘れるのは簡単なことではない。マヒンドラは自己満足の過去の伝説という文化を、業績重視の文化に入れ替える以上のことを目指していた。

労働争議の期間を乗り越えたことが、「大きな転換点となりました」とマヒンドラは語る。「これが終結したあと、生産性が一二〇パーセント上がったんです」。まるで熱が引いたかのようだっ

た。「そこから、もう過去は振り返りませんでした」

行動様式2
「弱いシグナル」を見逃さない

「弱いシグナル」は、非線形のアイデアを形成していくための原材料である。比較的少数ながら、あなたの組織のあちこちに散らばっている、(たいていの場合、若手の)少なくとも過去の成功に基づく論理に支配されない異端児は、「弱いシグナル」の受信感度がもっとも高い人たちだ。リーダーシップの重要な責務は、このような異端児を探し出し、彼らのアイデアに耳を傾け、評価することだ(コラム「『弱いシグナル』を活用する」を参照)。

マヒンドラは、同僚と衝突したり、うまく職場に馴染めない異端児の思考を寛容に受け入れることで有名だった。このタイプの人たちに寛容なのは、彼が日和見主義だからだ。異端児はほかの人とは違う視点で世界を見るので、それまでとは違う解決法を思いつく。残念ながら、彼らはその優秀さよりも、無愛想な性格で注目を集めてしまい、長い目で見ると会社は損をすることになる。

異端児が、なぜ重要かを理解する

幸いなことにマヒンドラは就任後まもなく、異端児がものすごい力を発揮することを知る機会を得た。トップの任務として、マヒンドラはいくつもの部門のR＆Dも監督していた。一九九一年、彼は自動車部門の困難な状況に直面した。この部門は、六人乗りジープを製造していた。だが現実には、インドでは一五人から二〇人を乗せることが多く、過剰搭載のせいで車体も頻繁に壊れてしまい、車体破損の多いことが大問題となっていた。

顧客のクルマの使い方を変えることは不可能だったので、エンジニアは使用状況に耐えられるよう、いかつい車体を設計することにした。そのためには、八〇〇万ドルもする金属加工プレスの機械が必要だった。「当時は、とてつもない額だったんです」とマヒンドラは言う。「これほどの設備投資を許可する勇気は、誰にもありませんでした」

この状況は、マヒンドラの補佐役がサンデシュ・ダハヌカールという若者の存在を知らせたことで打開された。この若者は、金属プレス加工の機械を使わずに、極めて頑丈なデザインスペックのチューブ状の車体をつくるというアイデアを持っていたのだ。

コラム

「弱いシグナル」を活用する

ＢＯＸ３の戦略は、「弱いシグナル」を読み取って、非線形の変化を予測することである。「弱いシグナル」とは、発生しつつある、検証不能の未来への手がかりだ。非凡な知恵と言ってもいい。「弱いシグナル」を察知するのは、ほとんどの場合、若手従業員だ。それも入社したばかり、あるいは主流から外れた場所で働いている。もしくは、まったくの部外者の可能性が高い。このような人材の洞察力を活用するには、次のＢＯＸ３のプロセス、「厳選されたタスクフォース」、あるいは「民主的な自由参加」のどちらかが必要となる。

タスクフォース型

二〇〇八年から二〇〇九年にかけて、私がＧＥの首席イノベーション・コンサルタントをしていた際、ＧＥヘルスケアの事業をインドで伸ばしていくため、ＢＯＸ３のアイデアを着想するプロセスをつくった。ＧＥヘルスケアはＢＯＸ１の事業として、複雑で高性能な医用撮像機器――レントゲン機器、ＣＴスキャナー、超音波検査機器など――を製造し、インドのトップクラスの病院に高額で販売していた。ＧＥの経営チームは、このような製品に効果的な戦略を考案した。

BOX1にとって重要な既存の顧客や競合相手の客観的データ、情報源は確保できているので、決定判断を下すことは容易だった。

その一方でBOX3は、現時点で消費者ではない層を対象とした将来的な事業をつくり（この場合、ヘルスケアへのアクセスが限定されているインドの地方の住民が対象となる）、地元の中小企業を含むこれまでとは違うライバルと競うことになる。未来についての明確なデータ、豊富な情報源は存在しない。この難題に取り組むため、我われはBOX3のタスクフォースを招集した。メンバーには、社内から幹部二〇名を厳選したが、必ずしも組織の上級幹部に限定することはしなかった。それよりも重要だったのは、どのメンバーも異端的な考えの持ち主で、比較的若いことだった。GEヘルスケアでの勤続年数は、五年以下が大半だった。さらに、病院管理者、非消費者、ヘルスケア研究者、政府の官僚、政府の規制監督者など、外部から二〇名のメンバーも加えた。

総勢四〇名から成るチームは一週間かけて、さまざまな非線形の変化を暗示する「弱いシグナル」を特定した。チームはそこから、超低価格で製造でき、しかもクオリティーも「十分に通用する」医用撮像機器のBOX3的なアイデアをブレーンストーミングで洗い出した。ここで、明らかになったことが二つあった。第一に、このチームが「弱いシグナル」や非線形の変化を幅広く特定し、理解できたこと。第二に、チームはGEヘルスケアが製造する最高級機器に関心がなかったことだ。

民主的な自由参加型

ＢＯＸ３のアイデアは見つけにくいものだが、それを特定して実行するために、きちんと定まった集団の知恵を借りる方法もある。

インドで資産規模最大のＩＴサービス企業、タタ・コンサルタンシー・サービシズ（ＴＣＳ、第３章、第５章で取り上げた）は、Ultimatixというデジタル・プラットフォームを使って、三〇万人の従業員が「弱いシグナル」、新たな視点、ＢＯＸ３のアイデアなどを互いに、またＴＣＳの経営陣と共有できるようにしている。例えば、ＴＣＳのイノベーション・グループは、携帯、ＳＮＳ、クラウドで利用できるUltimatixを使って、特定のＢＯＸ３の問題について、コンテストや突然のディスカッションを呼びかけている。例えばディスカッションでは、「ＴＣＳはどうすれば、新興経済圏の健康や教育分野で非線形ビジネスモデルを展開できるか」といった質問を投げかけるのだ。

対象が三〇万人もいると、その中の少数が反応しただけでも選別処理が大変なことになりかねない。そこでＴＣＳは、大量の返答を整理するアプリを開発し、その中から共通のテーマを抽出したり、将来性がありそうな成長戦略を見つけ出した。

以上の二つのアプローチは、状況に合っていれば、どちらも新たなアイデアを特定する方法として有効だ。タスクフォース型は、比較的、狭い範囲の調査をするのに適している。例えば、「わが社の高級な医用撮像機器を現在の非消費者が購入できるよう、低価格バージョンにつくり替えるにはどうすればいいだろうか」といった課題だ。民主的な自由参加型では、なんの制約もなく、幅広く手当たり次第の視点やアイデアを多目的に集めることができる。それを審査して、吟味して、さらに練り上げて、最終的に実行すればいい。二つのアプローチを組み合わせて利用する戦略もあり得るだろう。Ultimatixのシステムで収集したアイデアを、タスクフォースが練り上げる。あるいは、タスクフォースが必要とするフィードバックを、Ultimatixのシステムで収集する方法もある。

算出したリスクを信じる

「我われは、サンデシュの実験のために一万五〇〇〇ドルの着手金を許可しました」とマヒンドラは語る。「リスクを三段階に分類したんです。最悪の場合、一万五〇〇〇ドルを失いますが、サンデシュのような異端児を信頼できないなら、過去のやり方を手放すことはできません。受け入れて、変化をやり遂げるなんて、無理でしょう。結局、彼にこれだけの資金を与えて、節目ごとにうまくいけば、そのつど、さらに資金を追加していきました。それで、あっという間に車体破損の問題がすべて解決したんです。まさに大成功、偉業ですよ。だって、巨額の資金なしには解決困難に思えた問題だったんですから。なのに、この若者を信頼するだけで、解決方法が見つかったんですよ」

マヒンドラによると、ダハヌカールは在籍中、「同僚とうまくやっていけなかったんです。けれど、私は彼のような人柄にも寛容であることを、周りのみんなは知っていました」。マヒンドラはダハヌカールに直接、自分に報告させた。周囲の支配的論理のプレッシャーを遮断するためだ（第3章で、何も知らない新入りの猿が、古株の猿によってあっという間に洗脳されたエピソードを思い出してほしい）。

結局、これまでの慣例にとらわれない解決策に四万五〇〇〇ドルを投資したことで、マヒンドラ&マヒンドラは八〇〇万ドル近くを節約できた。この経験は、アナンド・マヒンドラに異端児に賭けるという計算されたリスクをとることの価値を認識させた。また、型にはまらないアイデアに耳を傾けたいという彼の思いは、社内のリーダーたちにも浸透し、やがて社内全体のカルチャーとなった。創造的な異端児たちが、自分たちのアイデアも社内の経営トップに受け入れてもらえる可能性があるとわかったことで、前よりも頻繁に自信を持って意見を述べるようになったからだ。

二〇一四年、インド経営大学院アーメダバード校の卒業式のスピーチで、マヒンドラは卒業生に対して、サンデシュ・ダハヌカールにとったのと同じようなリスクをとることを熱心に勧めた。「とろうと思えばとれていた許容範囲のリスクをとっていなかった頃をいま振り返ると、なんて時間を無駄にしていたんだろうと思います。これまでと違う新しいやり方があるんじゃないかと自問することもなく、視野をもっと広げようとしていなかった頃のことを」[2]

行動様式3
日々、未来を築く

マヒンドラは、経営トップに就いて最初の数年間、BOX1を競争力のある機能的なエンジンにすることに専念した。それまで政府が自分たちの代わりに重要な判断をしてくれることに慣れていたインド企業は、開かれた市場がどういうものかを学習中だった。これは、なかなか大変な仕事だった。「企業の歴史の中では、一つの箱に時間とエネルギーを使いすぎるときもあります」

とマヒンドラは語る。「ライセンス・ラージの時代が終わって、一九九〇年代初めに我われが一番に専念したのは業績を改善することでした。つまり、典型的なBOX1の内容です」

例えば、ライセンス・ラージ制度では製造量の割り当てが決められていたが、工場労働者は一日四時間でそのノルマを果たすことも珍しくなかった。マヒンドラは言う。「全社に後工程引取方式（プルシステム）を理解してもらう必要がありました。これからは市場のニーズに応じて製品を供給するのだと。事前に決められた、政府に押しつけられた割り当て分を配給するのではないのだと」

マヒンドラは、チャレンジ目標を設定することで、BOX1の高業績を促進した。具体的には、生産性、ビジネスのプロセスの再設計、短期的財政目標、測定基準の連携、全三分野の測定結果へのインセンティブにそれぞれ目標を設定した。マヒンドラ・グループは一九九〇年代半ばになると、未来について考えられるほどに成長をしていた。いずれにせよ、とマヒンドラは言う。「リーダーシップとはバランス感覚です。『三つの箱』を同時に運営することを学ばなくてはいけないんです」

連邦型構造

未来は、**今日**の行動が形づくる。**今日**、リーダーたちが躍進的な組織設計を実行すれば、**明日**、躍進的ビジネスモデルのイノベーションが生まれるかもしれない。アナンド・マヒンドラが行ったBOX3の組織イノベーションで最大の偉業は、一九九五年にマヒンドラ・グループのために考案した**連邦型構造**ではないだろうか。導入時には想像もしていなかった躍進的イノベーションを組織的に追求し、取り組むことができたのは、この組織構造のおかげだった。

この構造には、三つの特徴がある。

第一に、マヒンドラが引き継いだ時点では、マヒンドラ・グループは機能面で組織分けされていた。例えば、製造部門のバイス・プレジデントは、それぞれの業界で競争している、多様な製品を製造する複数部門の工場すべてを監督していた。この組織構造では、中央集権的な戦略をとる際に、集中力が分散しがちになる。これを連邦型に変えることで、マヒンドラ・グループは六つのセクターに再編成された。自動車、自動車部品、農機具、金融サービス、ソフトウェア、インフラ設備である。各セクターは、権限と責任を与えられたCEOのリーダーシップの下、独立して運営される。これで経営管理側も、自由化後のインドの急成長を利用して、業界セクター内での競争や成長のみに焦点を当てることができた。

第二に、マヒンドラは、クリティカル・マスに到達した事業単位は、株式上場することを宣言した。これで投資家は、マヒンドラ・グループ全体ではなく、個々の事業単位ごとに株式を購入することができる（現在、個別に上場しているのは、ソフトウェア・サービス事業のテック・マヒンドラ、農業従事者のトラクター購入用の金融サービスを行うマヒンドラ・ファイナンス、自動車と農機具事業のマヒンドラ＆マヒンドラ（M＆M）、不動産開発事業のマヒンドラ・ライフスペース・デベロッパーズ、タイムシェア・リゾート事業のクラブ・マヒンドラである）。各事業単位の合計価値が株価に反映されるマルチビジネス組織、コングロマリットとは非常に対照的だ。現代の金融理論に、「コングロマリット・ディスカウント（訳注：企業全体の価値が、各事業部門の価値の合計より低い状態）」という考えがある。投資家が、自らのポートフォリオをより効率的に多様化できるからだ。連邦型は逆に、それぞれ独立した上場企業の集合体であり、各企業は一つの分野に特化しながらも、共通のオーナーの下で結びついている。

第三に、マヒンドラの連邦型組織では、中枢部はふんぞりかえってお金の計算をしているだけではない。企業の集合体として、全体で知識の共有が行われるよう「束ねる」仕事をするのだ。R＆D、調達、製造といった運営面での相乗効果を最大限に利用したり、各企業が共有する価値観の管理人の役目も果たさなくてはいけない。このような点から、マヒンドラは連邦型のアプローチと未公開株式投資会社（PEs）の実務をきちんと区別している。「PEsは高度な金融手法（ファイナンシャル・リエンジニアリング）で会社を方向転換させますが、我われはそれを戦略や運営方法の変革という形で地道にやっています。もう一つの違いは、長期的な視点を持つということ。ベンチャーキャピタルの権利確定期間はたいてい七年ですが、我われにとって、これは由々しき事態です。クラブ・マヒンドラにPEの典型的な慣習を当てはめて七年で売却していたら、五〇〇万ドルの投資を一〇億ドルの事業に変貌させる機会を失っていたことでしょう」

連邦型の構造は、各事業体に解放的な自主性を与えつつ、同時にすべてを束ねる程度の統治もした。驚くほど多様に広がるセクターの数々を、共通の目的、価値観、資源共有、責任、そしてアナンド・マヒンドラのリーダーシップで統治したのである。言い換えれば、各事業体はそれぞれの業界特有の計画を持ちながら、互いに家族の一員であるという関係性を持っていた。バス停でたまたま並んでいる見知らぬ者同士の集まりではないのだ。

注力する分野を理性的に割り当てた構造をつくることで、経営陣はCEOの仕事に専念できる。目標設定、知識の共有、組織全体を連邦型の中央センターで統治と、「我われの目標は『コングロマリット・ディスカウント』を『フェデレーション・プレミアム』に転換することでした」とマヒンドラは言う。「コングロマリットの構造と違って、最終的に我が社が目指していたのは、市場の試練や規律の中でそれぞれ独立している上場企業の連邦制をつくることでした」

マヒンドラの経験は、構造改革が非線形的なものであることを示している。未来が日々、つくられているのであれば、その未来創出が実現するように、ビジネスは構造上の摩擦が最小限になるような形で設計されなくてはいけない。

包括的、戦略的な集中と目的をつくり出す

必要なのは、構造だけではない。各部門に権限と自主性を与えたにもかかわらず、二〇〇〇年になると、市場が会社全体の価値を適切に評価してくれないことにマヒンドラは気を揉んでいた。いくつかの部門は伸び悩んでいた。悲観的なものから楽観的なものまで、外部からさまざまな意見を聞いたマヒンドラは、開かれた市場で自社が直面している問題の原因は自分自身にもあるのではないかと気がついた。「私は明らかに、自分たちが築いていた価値観でコミュニケートしていなかったんです」と、マヒンドラは語る。当初の彼の結論は、社内、そして社外へのコミュニケーションの改善策を見つけなくてはいけないということだった。さらなる分析をした結果、多種多様な部門間で戦略が明確になっていないという問題も発見した。

戦略を明確にし、会社の主要目的と価値観を表明するため、マヒンドラは二〇〇二年にやがて「ブルーチップ会議」と呼ばれるようになる会議を開催した。これは、経営幹部が翌年の目標を述べる年に一度のイベントだ。このイベントでマヒンドラは、自分自身もマヒンドラ・グループも、一九四五年（インド独立の二年前）創立当初からの指針に連なるものであると示した。創立時のマヒンドラ・グループは、過去にはない会社になることを目指していた。労働や労働者の尊厳に

価値を置き、道徳に適った行いをしたうえで儲けを上げ、誰にも負けない製品をつくることでインドの国際評価の向上に貢献する会社だ。

ブルーチップ会議は、これまでとは違う会社を目指すことを改めて誓う、年に一度のイベントとなった。会議の議題は業種セクターを越え、テーマごとに、例えば顧客重視、グローバル・リーダーシップといった目標を挙げる。開発した製品やサービスの収益成長率など、難しそうな目標も掲げる。将来業績のストレッチ目標（訳注：達成できるレベルよりも少し高めの目標）も設定する。会議を始めた年から――皮肉なことにマヒンドラ・グループがボンベイ証券取引所から上場廃止となった年だったが、その後、二〇〇七年に再上場――会社は前代未聞の成長期に入った。[3]

ブルーチップ会議では、多様な六つのセクターが共通の課題を表明することで、一致団結した形で自らの存在を確認することができた。それまで各事業部門は、ほとんどの時間を自らのセクターの優先事項に費やして、ほかの部門との結びつきを実感しないまま運営されていたが、自分たちも大きな組織の一員であること、自分たちの部門の範囲を越えた意義や目的を共有していることを実感する機会を得たのだ。

この会議は、これまでほぼ七〇年間、貫いてきた価値観が時を経て熟した果実を見せる良い方法だった。また、未来のイノベーションの方向性も示す機会となった。この会議自体が、「三つの箱の解決法」の本質である循環を強化することになった。

行動様式4
実験しながら学んでいく

M&Mの製品の中でもとりわけ革新的だったのは、二〇〇二年に発売されたSUV「スコーピオ」だ。自動車部門が、初めてのオリジナル自動車として設計を手がけたものだ。それまでM&Mは、ジープのインド市場向けライセンス生産を請け負っていた。つまり、提携先の多国籍企業から提供された製造法に則っていた。時には、インドの消費者の好みや使用方法に沿うように多少の修正は加えていたが。

M&Mは、このような提携関係のおかげで非常に有能で効率的な製造業者となっていた。ところがオリジナル自動車の設計は、M&Mがこれまでにやってきたすべてのことをはるかに上回るほど、興奮とリスクに満ちた、圧倒的に巨大なプロジェクトだった。

このようなプロジェクトを見込んで、一九九三年にアナンド・マヒンドラは、デトロイトのゼネラル・モーターズに一四年間勤務したパワン・ゴエンカをM&MのR&D部門のトップに迎え入れていた。GMでのゴエンカの専門はエンジンの設計だったが、エンジン全体の設計ではなかったと彼自身が言う。「私が専門に扱っていたのはエンジンのいくつかの**部分**だったのですが、マヒンドラではクルマ全体を監督することになったわけです。これはもう、全面的なキャリア変更です」

部品レベルから自動車レベルへの移行は、ゴエンカにとってわくわくするものだった。マヒンドラは、自動車のR&D部門をゴエンカが望むように完全に自由に運営させることを約束した。「私がマヒンドラに来たのは、インドの自動車産業が進化の第二段階に突入しつつあると感じたからです」とゴエンカは語る。

スコーピオのプロジェクトが始まる前、M&MのR&D部門はもっぱらライセンス生産している自動車を徐々に改善していくことに専念していた。ゴエンカは、デトロイトを離れたことを後悔しはじめていたかもしれないが、スコーピオのプロジェクトが具体化した一九九七年にはその気持ちもすっかり消えたことだろう。

アナンド・マヒンドラは、自動車工場の見学に行った際にSUVのスケッチ画を見せられた(これがスコーピオの原型となる)。デザイン学校を卒業した二六歳のシャム・アレパッリが描いたものだ。自動車をつくったこともない若きデザイナーがスコーピオの絵を見せたとき、マヒンドラは、「どこか興味をそそられたことを覚えています。これが我が社の未来なのだと」。このときのことを思い出しながら、マヒンドラは考えた。「(シャムの)上司が『彼は、誰とも仲良くできないんですよ』と言っていたんです。それを聞いて、ぱっとひらめいたんです。『完璧だ。誰とも仲良くできないなら、サンデシュと同じじゃないか。彼を試してみよう』と」

マヒンドラは三代目として、この会社を継いだ。ハーバードでMBAを取得し、現代的な姿勢で戦略や運営に取り組んでいた彼は、当時、五〇年余りの歴史があるM&Mのイメージや業績をスコーピオが一新してくれるのではないかと期待した。[4] M&Mの自動車業界での評価は、もっぱら地方の農業地帯向けのジープ製造業者というものだったからだ。マヒンドラというブランドは、農業地帯の顧客にとっては、いかついトラクターのイメージだった。自動車は、都市部の市場にはさほど浸透しておらず、多国籍企業に支配されていた。マヒンドラは、自動車のイノベーションでその名を知られることもまったくなかった。[5] それを、スコーピオが変えるかもしれないのだ。

線形、それとも非線形?

ゴエンカによると、初めてのオリジナル自動車をつくるにあたって、まずイノベーションの方向性として二つの可能性があった。BOX1でいくか、BOX3でいくか。彼は、その選択肢をこう説明した。「他社がすでにやっていることを改善していくか、あるいは他社とはまったく違うことをするかです」

社内の一部は、「同じことを改善してやる」保守的なアプローチを好んだが、ゴエンカは自らの経歴から、デトロイトの自動車会社と同じ土俵で戦ってもマヒンドラに勝ち目はないと考えた。つまり前代未聞のクルマをつくるだけでなく、まったく違う土俵でそれまでとは違う闘いをしなくてはいけないのだ。

「正面から立ち向かおうとしてはいけません」とゴエンカは言う。「勝てるチャンスは少ないですからね。だから迂回して、インドという環境の中で、まだ誰も牛耳っていない新しいセグメント向けの製品を出さなくてはいけないんです」

M&Mは、SUVの先行車と言える「いかついジープ」のことはよくわかっていた。一九九七年時点では、幅広い消費者が魅力を感じて購入できるような、インドで設計されたスマートでモダンなSUVは存在しなかった。マーケティングの視点から、自らのブランドに国際的な魅力をつけて、最終的に世界で競争できるSUVを発表するというのが、M&Mの究極のアイデアだった。

解き放たれ、独力でいく

フォード・モーターとのジョイントベンチャーという選択肢は、早いうちに消えた。アナンド・マヒンドラは、当時のアレックス・トロットマン会長とウェイン・ブッカー副会長を含むフォードの幹部たちにスコーピオのデザインを見せたときのことを話してくれた。開発予算は一億二〇〇〇万ドル相当だと伝えていたが、フォード側はこのクルマをアメリカで製造するなら、一〇億ドル以上の投資が必要になるだろうと見積もった。マヒンドラがスコーピオのプロジェクトについて説明すると、フォードの幹部たちは注意深く耳を傾け、若いデザイン学校卒業生のオリジナルのスケッチに基づいてつくられたクレイモデルに見入って、「悪くないね」と頷いた。

M&Mにはオリジナルの自動車開発の経験がないことから、ブッカーはトロットマンに「フォードから、このプロジェクトのために何十人かエンジニアを派遣しましょうか」と提案した。マヒンドラの記憶によると、トロットマンはこう答えた。「ウェイン、それはやめておこう。三〇人ものエンジニアを派遣したら、そのクルマは見た目も、醸し出す空気も、コストも、フォードになってしまう。そんなことは求めていないだろう……」。彼らが主張する値段でクルマをつくるのであれば、むしろ我われはどうすればそういうクルマがつくれるのか、彼らから学ぶべきだ」

マヒンドラはこのときのことを、非常に幸運な、解放的な瞬間だったと言う。「彼らが我われをこのチャレンジに飛び込ませてくれなかったら、どうなっていたでしょうね？　クルマのつくり方をずっと習得できないでいたかもしれません」

ゴエンカもこう振り返った。スコーピオは、「我われには、ゼロからつくり上げる力があることを示してくれました。スタッフもプロセスもデザインの知識もないところから、あらゆる能力を築いていったんです。スコーピオからこぼれ落ちた二次的な利益は、自動車部門だけでなくグループ全体にとっても非常に大きなものだったと思います」[6]

実験に実験を重ねる

私が本書でずっと強調してきたように、ＢＯＸ３のプロジェクトで不確実性を解明し、仮説を試し、知識を増やし、リスクを減らす鍵は、反復実験である。スコーピオがマヒンドラ・グループにとってどんな未来を創出するにせよ、これがリスクのあるプロジェクトであることは確かだった。つまりスコーピオ計画において実験は非常に重要な要素であり、その実験の範囲は、スコーピオの設計に関する技術的な問題から製品のマーケティング手法、資本化、製造に関するものまで含まれた。

ゴエンカは、スコーピオのビジネスモデルのソリューションを試すのに、非常に珍しい方法を考案した。スコーピオと同時に、既存の自動車をもとに「ボレロ」という新型モデルを開発する許可を求めたのだ。少し小型の低価格SUVを、スコーピオの部品、技術、デザイン、製造、マーケティング戦略の叩き台にしようというのだ。スコーピオはインドで初めて着想されたSUVであり、M&Mが初めてつくったオリジナルの自動車だったが、ボレロはスコーピオにつながる実験台として無理やり生み出されることになった。

ゴエンカによると、M&Mはボレロを使って、それまで外注していたボディパネルを独自に設計・製造する能力をテストした。「おかげで、自分たちでできるんだという自信を持つことができました」とゴエンカは言う。スコーピオ用に考えた多くの部品やシステムも同じく、まずボレロでテストをした。テストをしたコンポーネントはすべて、外部業者から提供される技術の場合は特に、スコーピオの新種の部品調達戦略テストでもあったのだ（これについては後述する）。

ボレロのプロジェクトは、スコーピオより開始は遅かったが、ボレロはスコーピオよりまる二年早く発売された。ボレロをこれほど迅速に開発できたのは、さまざまな実験結果をスコーピオに対応できるよう、必要な改善を加える時間を確保するためだった。「実験するのに、三か月では十分ではありません」とゴエンカは言う。ボレロはまったく新しいモデルではなく既存の自動車を叩き台にしたことで、スコーピオ完成まで二年間の時間枠ができた。その間にスコーピオが最大の利益を得られるよう、大規模な市場実験を行うことができたのだ。

スコーピオ開発のため、一二〇名から成る専門チームが集められた。チームは職能枠を越えた小さなグループに分けられ、近接する分野のグループはすぐに話をしにいけるよう近くに配置された。[7]全チームは、ゴエンカに報告義務がある。チーム全体に団結のカルチャーをつくるため、リーダーを含めメンバーは全員、制服を着用した。

このチームカルチャーを生み出すための象徴的な手法のほかに、スコーピオの奇抜なデザインの推進力となったのは、M&Mにはオリジナル自動車の設計実績がまったくないという事実だった。自慢できる成功体験がなければ、後悔するような失敗もない。その意味でM&Mはまったく白紙の状態で、なんの重荷を背負うこともなく着手できるという利点があった。ともかくも、新しく自動車を設計するために新しいルールをつくるところから始めなくてはならなかったのだ。

専門チーム

白紙の状態を最大限に活用するには、できる限り先入観なしにプロジェクトに着手できるよう、頭が柔らかい開発者と仕事をするべきだ。そのため専門チームの構成は若手に偏り、平均年齢二七歳だった。若者は古いやり方にこだわらないし、人と違う考えや行動をとろうとする。スコーピオを成功させるため、開発チームには並外れた創造力があり、適応力があり、柔軟性があり、日和見主義で、そしてなによりも情け容赦ないほど節約をしなくてはいけなかった。

アナンド・マヒンドラは、スコーピオ開発における本質的なイノベーションは、技術面以上に現状を変えることにあると考えていた。「少ない資金で多くを成す。スコーピオの真にBOX3らしい特徴は、**フルーガル・エンジニアリング**（訳注：低額の工学技術）でした」

単なる供給元ではなく、開発パートナーに

徹底的な倹約のため、また自動車設計の経験がないことで、M&Mは部品調達関係者に実験的アプローチをすることになった。

デトロイト方式のサプライヤー関係は横柄で、創造性に欠けていた。サプライヤーは従属的立場に固定されており、自動車メーカーは自社内ですべての設計作業を行って、スペックをサプライヤーに指示するだけだった。サプライヤーはその設計どおりに製造し、オリジナルのアイデアや創意工夫を披露する機会はなかった。サプライヤーがコストを抑えながら機能を向上させるアイデアを持っていたとしても無駄になる。それが、この業界でのやり方だった。

ところがM&Mは、サプライヤーに設計パートナーとしての協力を求め、彼らの能力を活用し

たいと考えた。サプライヤーは、規定の予算と性能基準の範囲内で、自ら適切と考えるシステムを考案してよいという、並外れた自由裁量権を与えられた。[8] このサプライヤー・パートナーには、サスペンション・システムの韓国のエスエル（旧三立産業）、ヘッドランプのインドのルマックス・インダストリーズ、自動車シートのアメリカのリア・コーポレーションなどが含まれる。サプライヤーはこの申し出を、自らの知識を披露し、学び、成長できる機会だと評価した。マヒンドラによると、「重要なシステムは、すべてサプライヤーが設計したんです……。M&Mの関与は、性能目標やコストの設定をするとか、コンポーネントを集めて最終的なプロジェクトを仕上げる取りまとめ役といった、限定的なものでした」[9]。

M&Mにとって幸運なことに、タイミングもスコーピオに味方した。スコーピオの開発時期は、サプライヤーが過剰生産能力に陥っている時期と重なった。ゴエンカによると、ベーア（訳注：二〇一三年にマーレベーアに社名変更）、ボルグワーナー、リア・コーポレーションなど、大規模な多国籍自動車部品メーカーは、アメリカの自動車メーカーからの受注を狙ってインドに工場を開設していたが、実際のビジネスが動き出すまでに時間がかかっていた。ゴエンカによると、「彼らは、新製品をつくりたがったんです……。スコーピオが大量生産ビジネスになることを期待して」。またインドのサプライヤーも、世界市場で成功するには強力なエンジニアリング能力を開発する必要があると説得された。「多くのサプライヤーが、いまこうやって事業ができるのは、一五年前に我が社と仕事をしてエンジニアリングを学んだからだと言ってくれています」
このような方法でM&Mは、サプライヤーと緊密な協力関係を築き、なおかつプロジェクトも切り詰めた予算内に収めることができた。コスト削減はかなりの部分、サプライヤーに頼ることになったが、透明性のある協力関係があったからこそ、サプライヤーとM&Mの間で高度な双方向コミュニケーションができたのだ。
サプライヤーに創造的な自主性を与えた動機は二つあった。M&Mの能力不足を補うことと、コスト削減手法を見出すために彼らを真のパートナーとして獲得するためだ。M&Mの戦略的部品調達部門のトップ、ジョニー・マプガオンカーは「ギブ・アンド・テイク」だと言う。「彼らが契約どおりに実現できなくても、我われには喜んで再交渉する余地がありました。経費がかさんだら、予算内で収まる方法を一緒に検討します。最初の頃は大変でしたよ。彼らの側も、自動車メーカーが自分たちのアドバイスを聞いてくれることに慣れていませんでしたから。でも、時間の経過とともに、我われの協力的な姿勢を理解してくれました。それ以降、サプライヤー側が(自発的に)コスト削減を提案してくれるようになったんです」[10]
スコーピオの開発費用は、大手自動車メーカーのおそらく一〇分の一ほどで収まったが、それでもマヒンドラ・グループにとっては過去最大の投資プロジェクトだった。「一つのプロジェクトに、これほどの大金を投じたことはかつてなかったという事実を忘れる必要がありました」とマヒンドラは語る。「クルマをつくるコンピテンシーも、ゲートウェイもプロセスも持っていないことも、忘れる必要がありました。ただ、変革を起こして、新しい軌道に乗ってやるんだという、とてつもなく熱い思いがあればよかったんです」

M&Mの市場を拡大する

アナンド・マヒンドラは、市場評価という高い軌道を目指していた。田舎を走る武骨なクルマというイメージから、M&Mを脱却させたかった。もちろん田舎の顧客になんの問題もないのだが、現代的で国際的なこれからのインドには、もっと広くて豊かな市場が待っていた。「ボレロ」は、インド都市部の消費者に洗練されたデザインのSUVをアピールするという実験的な役割を果たしたのだ。

ボレロは小型の比較的安価なクルマで、スコーピオほどグレードは高くなかったが、スタイリッシュで快適で、最低限の遊びと機能があった。ボレロは、これまでのM&Mとは違って、微妙なメッセージやコンセプトを強調した新しいマーケティング手法のテストケースでもあった。ゴエンカによると、「以前の当社の自動車部門のマーケティングは、『包括的で一般的』でした。スタイルとか活気ではなく、機能や実用性を重視していたんです」。ボレロは、これをひっくり返して新天地を開拓し、都市部のバイヤーと信頼関係を築きはじめた。

スコーピオの発売前、M&Mはマヒンドラのブランドを強調せず、ドラマチックにクルマの名前だけを使うのがよいと考えた。ゴエンカによると、「すべての宣伝広告に、スコーピオという名前だけ出しました。そして、下のほうに小さくマヒンドラと。マヒンドラのスコーピオではなく、スコーピオ・バイ・マヒンドラなんです。TVコマーシャルも、ロールスロイスのCMのような、インドの大衆に訴えて憧れを呼び起こすようなものにしました」。

スコーピオのマーケティング・チームは、SUVという呼び方も使わないと決めた。インドではまだSUV市場が発展しておらず、ゴエンカによれば、SUVという言葉自体がインドの消費者にはあまり浸透していなかった。「だから、ただクルマと呼ぶことにしました」

エンジン設計の経歴を持つゴエンカは、スコーピオについてもう一つプライドを感じていた。スコーピオは、インドで初めて一〇〇馬力を超えるエンジンを搭載したクルマだったのだ。「当時、一〇九馬力だったと思います。巨大なインド市場で、前代未聞のことでした」と彼は語る。

フルーガル・エンジニアリングを実践した高品質で低価格のスコーピオは、ライバル社の製品の三〇～四〇パーセントの価格で販売された。二〇〇三年一月には、別々の三つの機関から「カー・オブ・ザ・イヤー」にも選ばれた。[11] 発売後一八か月で、インドの消費者はスコーピオを三万五〇〇〇台近く購入した。購入者のほとんどは都市部の住人だった。結果的にボレロは、地方の消費者が憧れるクルマになっていた。スコーピオは、インドでライバル社の製品よりも売れ続けている。またアジア、南米、ヨーロッパ、アフリカ、オーストラリアなどの市場にも販路が拡大した。

スコーピオは、アナンド・マヒンドラのマヒンドラ・グループへの本能的な直観がなければ生まれていなかっただろう。ゴエンカが言うように、それは純粋な起業家精神でリスクを取りにいく姿勢だった。細部まで慎重に計算する、従来のビジネス・プラニングには従わないやり方だ。彼によると、当時の考えはこういうことだった。「IRR（内部利益率）なんて、どうでもよかったんです。NPV（純現在価値）もどうでもよかった。資金的な余裕があるかどうかも関係ない。でも、これをやらなかったら、（今後）存続していけないと」

マヒンドラと同じくゴエンカも、スコーピオは三六〇度どこから見ても完全なイノベーションだと考えている。新たな開発戦略、過激な原価目標、新たなビジネスモデルに基づき、新たな市場に向けた新たな製品カテゴリーだったからだ。「ボレロを実験台として多くを学んだあとに、スコーピオという大きな賭けに出たのです。多くの人がスコーピオを製品イノベーションだと見なしていますよ」と彼は言う。「これは、新製品以上のものです。スコーピオを通して、我われは製品と市場と一体になって、交響曲をつくり出すことができました。新しいビジネスのシステムをつくり出したんです。だから、成功したんです」

行動様式5

「計画的な日和見主義」を実践する

私が、気がついたアナンド・マヒンドラの特質に、それが問題であれ、チャンスであれ、対処する際にそれだけを考えることをしないという点がある。問題でもチャンスでも、その先を見る。それを生み出した状況や環境といった発生源まで見渡すのだ。

その一例が、多様な事業を行うマヒンドラ・グループの価値を、市場が個別の事業単位でも、グループ全体でも、(本章で前述したとおり)あまりに低く評価した際の彼の対処法だ。マヒンドラはこの問題を解決するだけではなく、どうしてこのような事態になったのか、あらゆるレベルで理解したいと思った。

例えば、彼はリーダーとして、またコミュニケーションをとる側としての自分自身のミスも要因の一つだと見極めた。謙虚さがないと、自分の責任を受け入れることはできないだろう。しかも彼は自分の言動を変えただけではなく、さらに会社全体に明確な戦略が欠けていることまで見つけだした。そして各部門が戦略的優先事項に集中できるように、ブルーチップ会議という仕組みを提案した。結果的にブルーチップ会議は、問題解決だけでなく、将来起きる可能性のある問題やチャンスに備える手段となった。

マヒンドラの独特の思考プロセスは、「計画的な日和見主義」の重要性を示している。問題解決は、どちらかと言えば価値の低い活動だ。その問題を生み出した状況を変えることこそ、「計画的な日和見主義」の核心部分なのだ。時間とともに、ある問題への対処が、野心的にゲームのやり方を変えるチャンスになる。

そう考えると、M&Mに欠けていた自動車設計の専門技術を得るため、一九九三年にマヒンドラがパワン・ゴエンカを雇ったことは、時間をかけてエンジニアリング能力に自信をつけていくという、事業転換のための予知的な一歩だった。これは、キューリグが要求の厳しい消費者市場での製品イノベーション能力を磨くために、GEでの勤務経験があるケビン・サリバンを雇ったことと似ている。このような先見の明は、「計画的な日和見主義」に必須である。将来のニーズがないか、近くを見渡すのだ。スコーピオの開発が始まる四年前の一九九三年に、マヒンドラはまだ姿すら見せていないチャンスを予測していたのだから。

何十億ドルという R&D 予算と、何千人というエンジニアを擁したゼネラル・モーターズで一四年間勤務したゴエンカは、インドに帰国してM&MのR&D部門を目にして唖然としたという。物置のようなオフィスに、五〇人のエンジニアがいただけだったのだ。「最初の状態は、想像以上にひどいものでした」[12]

幸運なことに一九九〇年代初めに、アナンド・マヒンドラは、ゼロックスのパロアルト研究所（PARC）やミシガン州オーバーンヒルズにあるクライスラーのR&D施設などを見学して回った。彼は、施設のデザイン自体に驚いた。カフェテリアが事実上の共有スペースとして中心的な存在となり、エンジニアの間で活気ある自発的なやりとりがされていたのだ。「さまざまな部署のエンジニアが、食事をしながらメモを共有できる環境をつくるためだったと説明されました」と、マヒンドラは話す。この環境から、自動車業界の製品開発はサイマルテニアス・エンジニアリング（訳注：同時進行型の開発）へと向かうことになった。[13] すぐに彼は、異なるタイプのクリエイティブなスタッフ間の交流の重要性を認識し、倉庫のようなオフィスを建て替えようと夢を描いた。アメリカで見た研究センターのように、活気ある環境と創造的な出合いが起こるような研究施設をつくろうと。M&Mの自動車工学部門を一か所に集めた施設をつくるのだ。創造的なコラボレーションと偶然の発見を引き起こすために。

二〇〇五年に着手したマヒンドラ・リサーチ・バレー（MRV）は、ようやく二〇一二年にインドのチェンナイに完成した。二〇一五年には、MRVの四つの分野（自動車製品開発、農機具開発、パワートレイン工学、最新テクノロジー）に二六〇〇人のエンジニアがいた。このMRVも、M&Mが新たな方向性を追求する能力を築く場所という意味で、「計画的な日和見主義」の産物と言える。この投資の見返りはいくつもあった。コンセプトから製品発売までの開発期間が二

○パーセントもスピードアップしたこと、同時に複数のプロジェクトに取り組む能力ができたこと、自社内でより多くのエンジニアリング開発ができたこと、外部コンサルタントへの依存を減らしたことなどだ。MRVのエンジニアのおかげで、M&Mは新製品をいくつも発表して成功を収めた。高性能SUVの中で最速の売上を見せたXUV500と、トラクター業界のガリバー商品と言われる「アルジュン・ノボ」が良い例だ。「MRVのエンジニアは、二〇の新製品、およびその別バージョンの開発に取り組み、それ以外にも三つの新しいトラクター・プラットフォーム、また車内娯楽情報番組(インフォテインメント番組)、代替燃料、排気、安全基準、車体軽量化から燃費向上に至るまで、さまざまな新技術の開発も進めています」とゴエンカは語る。[14]

M&Mは、先進国のエンジニアの経験を吸収し活用できるようにと、MRVのほかに、デトロイトにも小規模な技術センターを開設し(エンジニアは一〇〇人以下)、韓国にもサンヨン(双竜)自動車との共同研究センターを開設した。この三つの施設が協力して、多くのプロジェクトに取り組んでいる。

マヒンドラ・グループも、アナンド・マヒンドラも、「計画的な日和見主義」が生んだ新たな状況から、偶然の価値をつくり出したのだ(コラム「予測不能の未来を計画する」を参照)。

コラム

予測不能の未来を計画する

アナンド・マヒンドラというリーダー、またマヒンドラ・グループという組織の成功は、予測不能の未来に「計画的な日和見主義」を応用した計画力によるところが大きい。

・連邦型

マヒンドラは組織構造を刷新する際、マヒンドラ・グループの各部門に自主性を与え、すばらしい業績に対しては市場から利益が返ってくるという仕組みにより、各部門のやる気を引き出した。連邦型の構造にしたことで、組織の自己認識も変わり、それを外部の出資者なども評価。その結果、グループ内の部門が外部の資本導入により独立した別会社となったり、マヒンドラの複数部門の株式上場につながった。

・異端児への寛容性

マヒンドラは異端児を見つけ、その話に耳を傾け、その意見を尊重する才能を磨いた。本章では、サンデシュ・ダハヌカールとシャム・アレパッリのエピソードを紹介した。アナンド・マヒンドラの事例を見ると、異端児の性格ではなく先見性を重視することが、ベストプラクティスとして組織全体に浸透した。社内の幹部も、アイデアの提案者ではなく、そのアイデアが持つ潜在力で評価することを学んだ。

・BOX2が企業価値となる

どの企業にとっても、新しい視点を取り入れることは非常に重要だ。マヒンドラは、自分が尊敬する企業を引退した幹部を雇い、マヒンドラ・グループのあちこちに配置していた。例えばユニリーバのインドのグループ会社では、定年が「まだ若いつもりの」五八歳と決まっていた。ここで定年を迎えた幹部の一人が、マヒンドラ・グループの人事部でパートとして働きはじめたが、もっと仕事をしたいと思っていた彼を、マヒンドラは会社のニッチ事業のCEOに抜擢した。マヒンドラは言う。「きつい言葉で叱るところがあって、みんなに慕われるタイプではなかったんですが、仕事は本当にできる人で、事業を成功させるんですよ」。まだまだ挑戦しようと意欲のある経験豊富な定年退職者を、マヒンドラは大勢採用した。「外部からの人材は、現状にこだわっていないので、問題を忘れる作業に貢献してくれます。新たなアイデアを持ってきてくれますしね。映画『特攻大作戦』ができそうな勢いでしたよ」と彼は語った。

・ブルーチップ会議

この年に一度の会議で、各部門は自分たちの時間とエネルギーをどこに投資すべきか、その方向性と考え方を確認できた。さらに、互いに異質な部門の集合体として、グループ全体の目的も共有できた。共通目的を新たに意識したことで、複数の部門がともにチャンスに向かって活動するという、以前ではあり得なかったことが起きた。自動車と農機具部門のR&D施設であるマヒンドラ・リサーチ・バレーについて、パワン・ゴエンカはこう言っている。「同じ建物内で、自動車とトラクターの開発が行われている世界唯一の施設ですよ」[15]

・良いタイミングでリスクをとってきた実績

会社の未来を不確実な試みに賭け続けるリーダーは、そのうち暴走してしまうだろう。スコーピオに関して、マヒンドラはちょうどいいタイミングで、ちょうどいい賭けに出た。ゴエンカをはじめとしたスタッフが、創造力を駆使してリスク回避をしたうえでの開発ができるよう、十分な人材を投入したうえで、タイミングを待っていたのだ。スコーピオはM&Mにとって、世界の自動車産業に打って出る、またとない賭けだったのだ。

行動様式6
「自分が制御できる馬」に投資する

第2章で紹介した「二頭の馬のバランスをとる」という比喩を思い出してほしい。一頭は制御できるが、もう一頭は制御不能。ここで重要なのは、どちらが制御でき、どちらができないかを見極めることだ。私がこの比喩を最初に目にしたのは、エリザベス・ギルバートの二〇〇六年の著書『食べて、祈って、恋をして』だったが、これはビジネスにおいても長いこと重要なテーマだった。一つひとつの経営行動も戦略も、それに影響を与えかねない制約や不測の事態と天秤にかけて検討しなくてはいけない。さまざまな制約なしに事業が成功することはほぼないだろう。

自分ではどうにもできない、手に負えない状況に、怒り心頭になるのは簡単だ。「この言うことを聞かない馬が、どうして私の従順な愛馬につながっているのだ?」。だが、「三つの箱」のバランスをとるには、自分がコントロールできる要因にできる限り集中しなくてはならない。制御できない馬に対処する最善の方法は、制御できる馬に集中することである。

ゆえに、アナンド・マヒンドラは、外部のアナリストや大手投資家が彼のコングロマリットを過小評価していることについて何らかの手を打たねばならなくなったとき、彼らを説得しにいくようなことはしなかった。彼らは独断的でもなければ、不公平でもない、彼らの懐疑心には理由があるはずで、その原因について何かできることがあるかもしれないと考えたのだ。そこで自分自身とグループの各部門の業績を省みたところ、明確な目的意識を全社に伝えきれていなかったことに気づいた。そのせいで、グループ全体が首尾一貫して団結することができていなかったのだ。この点において、自分の仕事ぶりをどう改善していけばよいか、彼は考えた。アナリストや投資家の行動はどうすることもできないが、自分でコントロールできること、例えば自分の言動に注意を向けることが、市場のM&Mの評価を変えるのにもっとも効果的な方法なのだと。

BOX3には、リスクと不確実性がつきものなので、コントロール可能な要因に専念することが大変重要である。BOX3の「制御できる馬」に当たるのは、統制がとれた実験プロセスだ。知識と確実性を増すために、念入りに提案を試してみるのだ。新たな知識は、不確実性を解消し、制御できる可能性を高めてくれる。さらに、実験をしなければ気がつかなかったであろう、制御不能に陥る可能性がある状況も明らかにしてくれる。これを考慮して、次の実験をしなくてはいけない。

スコーピオの例を出せば、新車開発のエンジニアリングと設計の経験が不足しているM&Mは、外部のサプライヤーに依存しなくてはならないことは最初から決まっていた。その結果、部品調達戦略に関しては、直観に反したアイデアを実験することになった。つまり、サプライヤーに格別の信頼と権限委譲をすることで、クルマの開発コストをうまく管理できるかどうかという実験だ。[16] これ自体が非線形のプロセスのイノベーションだったが、さらにサプライヤーからM&Mのエンジニアに新たにわかったことが還元されるというフィードバック・ループまで生み出した。

BOX1の好調な事業の運営に熟練すると、コントロールの絶頂にいる気分になるだろう。社内で必要なスキルやプロセスを開発して完成させた。顧客も市場も知り尽くし、その動きを予測し、その浮き沈みに合わせて対応してきた。次に何をすればいいかわかっているという、時に傲慢と言えるほどの自信もある。そのうち、BOX1の従順な馬に乗ったまま、何を手放すべきか立ち止まって考えることなく、BOX2からBOX3まで走り抜けようと思ってしまう。そして自分のコンフォートゾーンで身動きがとれなくなる。

M&Mがオリジナルの自動車を製造するにあたって、もっとも快適な選択肢はフォードとの協力下で取り組むことだった。だが、フォードのアレックス・トロットマン会長は、そうは思わなかった。これまでにない新しいクルマではなく、「見た目も匂いもコストも、フォードと同じ」クルマができるだけだと。

未来に到達するために、M&Mは最終的に自らのコンフォートゾーンから抜け出さなくてはならなかった。その代わりに、M&Mは一か八かのBOX3のリスクという、爽快で意欲的な不快地帯を選んだ。BOX3の適切なコントロールは、自己満足よりも無知が駆り立てる。新しい顧客、テクノロジー、ビジネスモデル、リスクのタイプなど、知らないことは山ほどある。その結果、念入りな調査や発見をすることでコントロールしようとする。一か八かの賭けで興奮状態にあっても、M&Mの部品調達戦略のリーダーたちは、特にサプライヤーに対しては支配するのではなく協力しようと、柔軟に根気強く対応した。耳を傾け、協力することこそが、最善の学習方法なのだから。BOX3の作業は、ほぼ全力を学習プロセスに傾けることにほかならない。

結論――根っこと鎖とバランスの文化

これら一連の出来事が起こった何年かの間に、マヒンドラ・グループは自らの認識を改め、新たな企業理念を「上昇」という一言に込めたブランド戦略を立ち上げた。この言葉の背景には、一九四五年設立のマヒンドラ・グループ創立者の大志、価値観から始まる七〇年の物語がある。そして創立以降、世界やマヒンドラ・グループがどのような変化を遂げてきたかという現在の視点も込められている。

しかし注目すべきは、マヒンドラ・グループ創立当初からのビジョンが現在の「上昇」戦略にも引き継がれていることだ。自分たちに成し遂げられないことはない、人々やコミュニティも上昇させ、元気を与える企業になるのだと。[17]

第1章で述べたように、組織も人間も「根っこと鎖」の観点で物事を考えるとわかりやすい。樹木にとって、根っこは生命を維持するものだ。根っこを切れば、樹木は枯れる。反対に鎖は、自由な移動を阻み、潜在力を脅かし、限界をつくる。BOX2では、根っこと鎖をきちんと見分ける必要がある。この区別をすることで、あなたのビジネスの特徴がはっきりする。時機を得た、しかし長続きはしないビジネスなのか、それとも時間を超えた必要不可欠なビジネスとしてずっと維持していくべきものなのかが明らかになる。マヒンドラ・グループでは、「上昇」という言葉が「根っこと鎖」の違いを明らかにすることに役立った。

「上昇」は、多くの考えや経験に根づくシンプルなコンセプトだ。アナンド・マヒンドラは、BOX2の多様な事業ポートフォリオに関して決断を下す際の指標として、「上昇」という言葉を使った。彼は、このようにコメントしている。「ポートフォリオのロジックの中で、上昇がどんどん大きな位置を占めていくでしょう。となると、中核となる目的が非常に大切になるんです。上昇するビジネスとは、自分にとっても良い結果が出て、周りの役にも立つのです」。例えば、マヒンドラ・グループの住宅金融部門では、新興市場で成長著しい中産階級が、適切な住居を無理なく購入できるような業務を行っている。マヒンドラによると、この部門はグループにとって

「もっとも急成長している事業」であると言う。これ以外の上昇ビジネスとして、太陽エネルギー、アグリビジネスにも投資をしている。さらに、まだコンセプト自体が比較的新しい「健康保険」市場へのアクセスも拡大中だ。

その一方で、マヒンドラ・グループの上昇関連事業ポートフォリオの中でも、防衛関連ビジネスについては今後、決断を迫られることがあるかもしれない。これについて、マヒンドラはこう語っている。「少なくとも、我が社は……攻撃的兵器は絶対につくらないつもりです。爆弾や弾薬をつくるつもりはありません」。だが現在、マヒンドラ・グループは軍用車両の爆破耐性装備を開発中だ。

バランスというのは、組織によって微妙に意味合いが違うことがわかるだろう。例えば、ウィロウクリークやURIやキューリグなどのケースで見たように、倫理面の特徴など、組織ごとに異なる価値観を併せ持っている。だが、どんな企業であれ、根っこと鎖の区別は必要だ。買収戦略で急成長した比較的若い組織であるURIでも、CEOのマイク・ニーランド、取締役会長のジェンヌ・ブリッテル、その他の幹部陣の下で、経営上の理念は急いでつくられた。彼らは、BOX1を設計し直すという大変な作業の中で、困難な状況下でも透明性を保ち、明確に正直にコミュニケーションをとることで、従業員は敬意を持って扱うという規律を築いた。これは、URIの根っこのシステムとなっていくのではないだろうか。しかし時間が経てば、鎖に変化するものもある。ウィロウクリークの会議が、本質的な目的を変える必要に迫られたのがその良い例だろう。

リーダーとしてのアナンド・マヒンドラは、常にバランス感覚を持っているように見える。それが生来のものなのか、苦労して身につけたものかはわからないが、CEOにはバランスのとれたカルチャーをつくり出す責任と、日々の企業運営の中で実際にバランスをとるという「現実」を確保することが委ねられている。これを適切に遂行するのは、医師の朝の回診のようなものかもしれない。一人の患者にきちんと集中しながら、タイミングよく次の患者に移動しなくてはいけないからだ。しかも、それぞれ状況の違う患者が最良の形で転帰できるよう、治療のスタイルや手法を調整する必要がある。「三つの箱」をそれぞれ理解しつつ、ほかとの関係性においても理解しなくてはならないのと同じだ。

本章と第5章では、「三つの箱」のバランスのとり方を、物語を交えて語った。必要なカルチャーをつくり出すには、構造と実務とプロセスが必要だ。それにはリーダーシップの六つの基本的な行動様式が伴う。こういった考え方やさまざまな取り組みを熱心に創造的に実践していけば、根っこを維持しながら、鎖を断ち切り、持続可能な未来を築いていけるだろう。これが「三つの箱の解決法」のエッセンスである。

重要ポイント

◆本章で述べた六つのリーダーシップの行動様式は、すべてバランスをとるためのものだ。

六つの行動様式は、特別な環境下でたまに使うものでないことは肝に銘じよう。これらはすべて、リーダーの日々の責任のチェックリストに記載されるべきものだ。それ以外の使い方をするなら、バランスのとれた「三つの箱の解決法」が危うくなる。

◆六つの行動様式はそれぞれ重要だが、もっと重要なのは「計画的な日和見主義」を実践することだ。

「三つの箱」すべてに関係し、「三つの箱の解決法」の成否にインパクトを与える重要なポイントだ。未来は予測できないので、未来が何をもたらすにしても、それに準備をしておくしかない。あなたの組織の「計画的な日和見主義」構想をポートフォリオとして定義し、実践できたら、「三つの箱の解決法」の目標が達成できる可能性が高い。マヒンドラのケースを見れば、「計画的な日和見主義」がＢＯＸ１のカルチャーを変革したことを含め、「三つの箱」のすべてにおいて重要な役割を果たしたことがわかる。

ビジネス・カルチャーの変革に乗り出す際は、もっとも激しい抵抗がありそうな問題から逃げないことだ。

ルー・ガースナーは、IBMを顧客重視の文化に変えようとした。アナンド・マヒンドラは、「ライセンス・ラージ」の無風状態にあった組織に「ロケットをぶちこむ」が如く、ディィワリ・ボーナスを廃止した。最初に一番大変なことをやると、その後の空気がすべて変わる可能性がある。

リスクをとることが過小評価されている。

あなたのビジネスに関して、合理的なリスク回避戦略を立てられるなら(フルーガル・エンジニアリングにおけるコンピテンシーや、異端児のアイデアに段階的に予算投入する戦略など)、もっと自信を持ってリスクをとれるだろう。パワン・ゴエンカが「スコーピオ」の開発プロジェクトについて語ったことを思い出してほしい。M&Mの柔軟な、権限委譲方式のサプライヤーとの関係性をはじめとして、このプロジェクトはどこから見ても、小さなリスクを引き受けながら大きな賭けに出るという学びを得られる実験だった。

制御できない馬の影響を最小限に抑える方法はたくさんある。

ＵＲＩは、自らコントロールできない景気の影響を減らすため、顧客基盤を多様化し、全米規模の大口顧客との関係性を深め、事業内容も影響力を受けやすい分野から受けにくい分野へシフトさせた。マヒンドラ・グループは外部の評価価値を改善するため、効率的なコミュニケーション、目標の明確化、部門を越えた戦略設定をした。この努力により、グループ内もまとまり、市場にも理解され、社内の結束と市場評価のどちらも改善できた。

ツール

ツール1――あなたの組織のカルチャーのどこにバランスが必要か？

好調なＢＯＸ1の事業と並行して、ＢＯＸ3を成功させるために必要な考え方や行動様式を考えてみよう。そのうえで、現在の組織のカルチャーを見つめてみよう。ＢＯＸ3の成功を阻みそうな限定的な考え方や言動はないだろうか？「白紙状態」のＢＯＸ2の取り組みを推進するよう、権限ある「専門チーム」をつくったとして、どうすればその考え方や言動を変えられるだろうか？専門チームが頼らざるを得ない利害関係者から、カルチャーへの抵抗があった場合、どうすれば和らげることができるか？　ＢＯＸ1とＢＯＸ3の活動に調和をもたらすため、どのような新しい文化的言動を取り入れたいだろうか？

ツール2――あなたの組織のリーダーたち（あなた自身）を査定する

「三つの箱」のバランスをとる鍵は、「三つの箱」を上手に監督できるリーダーがいるかどうかである。次の特徴を持つ人が、あなたの組織には何人いるだろうか？　1から5でリーダーの査定をしよう。1＝完全に反対、5＝完全に賛成。総合点が27点以上の人は、両利きの器用なリーダーになれるだろう。

- 現在を監督しながら、未来をつくり出すことができる人
- 二つの時間的視野（顕微鏡と望遠鏡）で、快適に運営できる人物――一～三年、五年、一〇年の期間を同時に見据える
- 業界で定評のあるビジネスモデルの業績を評価できる人、同時に新興産業の高成長戦略的実験の業績も評価できる人
- 実験して、学習して、適応すると同時に、短期的な財務実績も上げてきた人
- 変化を受け入れ、推進していく覚悟のある人
- 非線形の変化によって陳腐化した言動、考え方、態度を手放せる人
- 大きな賭けに出る前に、小さな賭けをいくつも試しておくことの重要性を理解している人

・業界の環境が変化する兆し、また非線形のシフト（弱いシグナル）を感知して、新たなビジネスモデルを試す実験開始の適切な時期を見極める人
・リスク・マネジメントを知っている人

あなたの組織では、「三つの箱」のバランスのとり方が上手なリーダーを、どのように育て、活躍させ、報いているだろうか？

13 同上。

14 同上。

15 同上。

16 同上。

第6章

1 特に記述がない限りは、本章の内容はマヒンドラ・グループの社長でマネージング・ディレクターのアナンド・マヒンドラと、マヒンドラ・グループの自動車・農機具部門の社長、パワン・ゴエンカとのインタビューに基づいている。

2 「卒業式のスピーチ、マヒンドラ＆マヒンドラ社長、マネージング・ディレクター、シュリ・アナンド・マヒンドラ」、IIMA第49回会議、2014年3月22日、http://www.iimahd.ernet.in/assets/upload/events/1528538676ChiefGuest-2014.pdf.

3 M＆Mの株価は株価指数を下回っていた。投資家はM＆Mを優良企業と見なさなくなった。2002年1月、ボンベイ証券取引所はインドSENSEX指数を構成する指標株リストからM＆Mを外した。

4 Tarun Khanna, Rajiv Lal, and Merlina Manocaran, "Mahindra & Mahindra: Creating Scorpio," Case 705-478 (Boston: Harvard Business School Publishing, February 2005) 6.

5 同上。

6 Ketan Thakkar, "What Makes the Mahindra & Mahindra Cult Brand Scorpio Click," *Economic Times*, June 17, 2012.

7 Khanna et al., "Mahindra & Mahindra: Creating Scorpio," 8.

8 同上、9.

9 同上、9.

10 同上。

11 *Business Standard Motoring*, BBC World Wheels（BBCワールドニュース、インディアの自動車番組）、CNBC/Autocarがスコーピオを2003年の「カー・オブ・ザ・イヤー」に選出。

12 N. Madhavan, "How Mahindra & Mahindra Came to Dominate the Indian Automotive Industry," *Forbes India*, December 12, 2014.

13 同上。

14 同上。

15 同上。

16 これは、「制御できない馬」がいつも不運を呼ぶとは限らないことを教えてくれる事例だ。スコーピオのプロジェクトは、自分ではどうにもできない理由から、偶然のタイミングで、M＆Mのサプライヤーの多くの手が空いているときに始まった。熟練のサプライヤーは仕事をしたがっていた。M＆Mは独自の協力パートナーシップを提案するという高レベルの対応をした。

17 これがマヒンドラ・グループの核となる目的だ。「我が社は伝統的な考え方に挑み、我が社の全資源を革新的に用いて、全世界の我が社の利害関係者やコミュニティが上昇するよう、ポジティブな変化を与えていきます」。マヒンドラ＆マヒンドラ「我が社について：目的と価値観」、http://www/mahindra.com/Who-We-Are/Our-Purpose-and-Values.

19 マイクロソフト・コーポレーション、「CEO」、2014年7月10日、http://news.microsoft.com/ceo/bold-ambition/inex.html.

20 モニカ・ラングレイ、「ジニー・ロメッティのIBM再起動計画の裏側」、ウォール・ストリート・ジャーナル、2015年4月20日付、http://www.wsj.com/articles/behind-ginni-romettys-plan-to-reboot-ibm-1429577076.

21 同上。

22 スティーブ・ローア、「IBM、新分野で大きな成果を上げるも収益は13%減」、ニューヨーク・タイムズ、2015年7月20日、http://www.nytimes.com/2015/07/21/technology/-2015-07-21-technology-ibmrevenue-falls-13-percent-despite-big-gains-in-new-fieldshtml?_r=0.

第4章

1 「ユナイテッド・レンタルズ、2014年第4四半期、通期決算と2015年の見通しを発表」、ユナイテッド・レンタルズ・プレスリリース、2015年1月21日、http://www.unitedrentals.com/perss/releases/2015/united-rentals/fourth-quarter-full-year-2014-results.pdf.

2 Jay W. Lorsch, Kathleen Durante, and Emily McTague, "United Rentals (A)," Case-414-043 (Boston: Harvard Business School Publishing, 2013).

3 ローシュおよびその他の著者による「ユナイテッド・レンタルズ」、またマイク・ニーランドおよびURIのその他のスタッフより提供された情報に加え、本章はニーランド、ジェンヌ・ブリッテル、ジェフ・フェントンとの率直なインタビューに基づいて書かれている。

第5章

1 ウィロウクリーク・コミュニティ・チャーチの発展の様子について、この部分、およびその他の部分はLeonard A. Schlesinger and Jim Mellado, "Willow Greek Community Church (A)," Case 691-102 (Boston: Harvard Business School Publishing, 1991 [revised 1999])の記述による。本章のウィロウクリークについての内容は、このケース・スタディのほかに、私自身がビル・ハイベルズとジム・メラードに行った詳細なインタビューに基づいている。福音派キリスト教徒であるメラードは後にウィロウクリーク・アソシエーションの会長となった。

2 Schlesinger and Mellado, "Willow Creek Community Church (A)."

3 同上。

4 同上。

5 同上。

6 同上。

7 「聖なる実験」、リーダーシップ・ジャーナル、2014年9月、http://www.christianitytoday.com/le/2014/september-online-only/holy-experiment.

8 同上。

9 同上。

10 Peter F. Drucker, "What Business Can Learn from Nonprofits," *Harvard Business Review,* July-August 1989. 邦訳:ピーター・ドラッカー著、「非営利法人のマネジメント」、ハーバード・ビジネス・レビュー、1989年7月-8月号、ダイヤモンド社

11 Everett M. Rogers, Diffusion of Innovation, 5th ed. (New York: Free Press, August 2003). 邦訳:エベレット・M・ロジャーズ著、『イノベーションの普及』、翔泳社

12 S. Ramadorai, *The TCS Story... and Beyond* (India: Portfolio-Penguin Books, 2011).

14 同上。

15 同上。

16 タリン・ルナ、「キューリグ、利益沸騰のため、コールドドリンク・システムに賭ける」、ボストン・グローブ、2015年5月11日付。

第3章

1 この物語の類似型は、Gary Hamel & C. K. Prahalad、*Competing for the Future* (Boston: HBS Press, 1996) 51に登場する。邦訳：ゲイリー・ハメル＆C・K・プラハラード著、『コア・コンピタンス経営——未来への競争戦略』、日経ビジネス人文庫

2 「ジェフ・イメルト：よりシンプルで、より価値のあるGE」会長＆CEO声明、2015年4月10日、GEウェブサイトより（http://www.ge.com/stories/pivot）。

3 S. Ramadorai, *The TCS Story... and Beyond* (India: Portfolio-Penguin Books 2011).

4 レイチェル・エイブラムス「P&G、43の美容ブランドをコティに売却」、ニューヨーク・タイムズ、2015年7月9日付、http://www.nytimes.com/2015/07/10/business/dealbook/pg-sells-43-beauty-brands-tocoty.html?_r=0.

5 「支配的論理」はC・K・プラハラードの造語。Richard Bettis and C. K. Prahalad, "The dominant Logic: Retrospective and Extension," *Strategic Management Journal* 16, no. 1 (1995); 5–14.

6 ムーアの法則によれば、密集した集積回路内のトランジスタの数は約2年ごとに2倍になる。つまりテクノロジーのコストが下がり続けるので、よりパワフルなコンピュータをより低価格で作る能力を得られる。

7 IBMはプロプライエタリ・システムとIBMの他のシステムとのみ相互運用可能なプロトコルを前提として競争していたので、切替障壁をつくることになった。

8 Robert D. Austin and Richard L. Nolan, "IBM Corporation Turnaround," Case 600-098 (Boston: Harvard Business School Publishing, 2000).

9 Todd D. Jick and Mary C. Gentile, "Donna Dubinsky and Apple Computer, Inc. (A)," Case 486-083 (Boston: Harvard Business School Publishing, February 1986 [revised September 2011]).

10 Lynda M. Applegate, Robert D. Austin, and Elizabeth Collins, "IBM's Decade of Transformation: Turnaround to Growth," Case 805-130 (Boston: Harvard Business School Publishing, 2005 [revised 2009]).

11 同上。

12 パーベイシブ・コンピューティングについての記述は主に二つの出典による。パーベイシブ・コンピューティング部門のリーダー、ロドニー・アドキンスと私の会話から。そして非常に有益なケーススタディ、David A. Garvin and Lynne Levesque, "Emerging Business Opportunities at IBM (c): Pervasive Computing," Case 304-077 (Boston: Harvard Business School Publishing, 2004 [revised 2005])から。

13 Garvin and Levesque, "Emerging Business Opportunities at IBM (c): Pervasive Computing," 6.

14 同上、6。

15 Austin and Nolan, "IBM Corporation Turnaround."

16 同上。

17 マイクロソフト・コーポレーション、「ニュース・センター」、2014年3月27日、http://news.microsoft.com/2014/03/27/satya-nadella-mobile-first-cloud-first-press-briefing/.

18 マイクロソフト・コーポレーション、「ニュース・センター」、2014年7月17日、http://news.microsoft.com/2014/07/17/starting-to-evolve-our-organization-and-culture/.

注釈

第1章

1 Michael L. Tushman and Charles A. O'Reilly III, *Winning Through Innovation: A Practical Guide to Leading Organizational Change and Renewal* (Boston: Harvard Business School Press, 2002). 邦訳：マイケル・L・タッシュマン、チャールズ・A・オーライリーⅢ世著、『競争優位のイノベーション――組織変革と再生への実践ガイド』、ダイヤモンド社

2 C・K・プラハラードは、アート・クライナーの記事の中で、未来を明らかにする方法として「弱いシグナル」について語っている。"The Life's Work of a Thought Leader," *strategy + business,* August 9, 2010.

3 2014年10月に、ディスカバリー・ファミリー・チャンネルに商標変更された。

第2章

1 このエピソード、その他のキューリグ初期の出来事は、Paul W. Marshall and Jeremy B. Dann, "Keurig," HBS No. 899-180 (Boston: Harvard Business School Publishing, 1999 [revised 2004]) による。本章の内容は、このケーススタディからの引用と、私自身のディック・スウィーニー、ジョン・ホリスキー、ケビン・サリバンとのインタビューに基づいている。

2 伝説となった「カミソリと刃」のビジネスモデルは、ジレットが導入したものだ。比較的低価格のカミソリを販売し、マージンの高い刃を将来にわたって販売することで、未来の収益をつくり出した。

3 Marshall and Dann, "Keurig."

4 「ボブ・スティラー（CEO）から、グリーンマウンテンのキュリーグへの投資について、その後の進展状況のお知らせ」、出資者の皆様へのご報告、2003年5月15日。

5 ネスプレッソ、公式サイトの概況報告書。http://www.nestle-nespresso.com/about-us/our-history.

6 2013年までに、ネスプレッソはアメリカでの一杯ずつ淹れるコーヒーの市場でわずか3パーセントのシェアしか達成できなかった。http://www.bloomberg.com/news/articles/2014-02-19/nestlesupersizes-nespresso-for-u-s-coffee-drinkers.

7 オリバー・ストランド、「コーヒーの個人主義は高くつく」、ニューヨーク・タイムズ、2012年2月7日付、http://www.nytimes.com/2012/02/08/dining/single-serve-coffee-brewers-make-convenience-costly.html?_r=0.

8 エリック・T・アンダーソン、「家庭用キューリグ、新製品の発売」、ケロッグ No. 105-005（イリノイ州エバンストン、ノースウェスタン大学ケロッグ経営大学院、2005年）。このケーススタディには、私がこのコラムに引用したキューリグの外部委託調査の詳細な内容が記述されている。

9 同上。

10 同上。

11 Elizabeth Gilbert, *Eat, Pray, Love: One Woman's Search for Everything Across Italy, India and Indonesia* (New York: Viking Press, 2006). 邦訳：エリザベス・ギルバート著、『食べて、祈って、恋をして』、ハヤカワ・ノンフィクション文庫

12 エド・ペラトール、「キューリグ2.0、旧式K-Cupは使えない」、コンシューマー・レポート、2014年12月17日号、http://www.consumerreports.org/cro/news/2014/12/keurig-2-0-pod-coffeemaker-rejectsolder-k-cups.index.htm.

13 マット・クランツ、「キューリグ、誤りを認める：『間違っていました』」、USAトゥデイ、2015年5月8日付、http://americasmarkets.usatoday.com/2015/05/08/keurig-mea-culpa-we-were-wrong/.

謝辞

人は、誰しも自分一人で生きて働くわけではない。私は過去三五年にわたり、「三つの箱の解決法」という考え方を五万人以上の企業幹部に紹介する栄誉ある機会を与えられた。幹部の方々が私の考えをさらに具体化し、洗練していく手助けをしてくださったことをありがたく思う。本書は私の著書であると同時に、彼らの著書でもある。

また、私の家族にも感謝を述べたい。妻であり、親友であるキルティは、私をもっとも理解する鋭い批評家であり、同時にもっとも心強い味方でもあった。良いときも悪いときも、彼女の愛情が私を支えてくれた。娘のタルーニャとパシーは、私の未来の希望だ。二人とも私の原稿を読むという課題を、効率的に上機嫌でやってくれた。バマはこれ以上、望むものがないほど、私にとって完璧な妹だ。家族のやさしさ、思いやり、愛情に恩を感じるばかりだ。常に変わらない家族の励ましと支えなしには、これほどの時間を費やした努力がこのような形で結実することはなかっただろう。

ハーバード・ビジネス・レビューのメリンダ・メリノに優るアドバイザー、協力者、友人、編集者はいないだろう。さらに、ＨＢＲの寄稿編集者、ルー・マクリアリーに本書の下書きをしてもらえたことも幸運だった。ルーの巧みな文章は、創造的な文体、魅力、ウィット、エネルギーを本書に吹き込んでくれた。この二人がいなければ、本書はこのような出来栄えになっていなかったと本当に思う。心からの感謝を捧げたい。

最後に、読者のあなたが本書を読んでくださったことにもお礼を申し上げたい。あなたが「三つの箱の解決法」を使って、現在の順調な状況を維持しつつ、未来のイノベーションを創出していくことを心より願っている。

監訳者解説

思えば、この本の出版は偶然の積み重なりで実現に至ったものだ。お力を貸していただいた皆さまには、心から感謝の言葉を申し上げる。そして何より、その三つの偶然に応えていただいたビジャイ・ゴビンダラジャン氏に敬意を表する。

二〇二〇年に入った頃からだろうか。未曽有の感染症が世界を襲った。我が国のワークスタイルは一変し、在宅勤務やリモートワーク、ウェブミーティングなど、デジタルコミュニケーションが一気に加速した。従前よりダイレクトコミュニケーションを重視し、人と会うことで多忙な日々を送っていた私もその例に漏れず、在宅勤務を余儀なくされた。コミュニケーションの激変に馴染めず、心と時間にぽっかりと大きな穴が空いた。

その穴を埋めるため、二十数年前に経営危機に陥って以来、がむしゃらに学び続けてきた経営学に再び取り組もうと、書籍や論文を読む日々が続いた。これが、偶然の一つ目である。

私が経営するエレコム株式会社は、一九八六年に創業し、パソコンブームの到来とともに企業規模を拡大。その後スマートフォン関連にも進出し、数多くのＩＴ機器関連製品を手がけている。ただこれも、すべて時代の変化の波にうまく乗ることで、何とか成長してきたに過ぎない。ここ十数年は、Ｍ＆Ａの取り組みもあり、売上は少しずつ伸長しているものの、その数字上の見た目と裏腹に、社内のイノベーションの乏しさに非常に大きな危機感を抱いていた。

そのような危機感を抱きつつ数々の経営学に取り組む中で、二〇一三年に翻訳出版された、ゴビンダラジャン氏の著作『ストラテジック・イノベーション 戦略的イノベーターに捧げる10の提言』（翔泳社）に出合った。読み進むうち、経営者にとって具体性に富むプロセスや組織づくりの示唆がきめ細かく述べられており、どんどん興味を掻き立てられた。

その勢いのまま、書籍に「このメールアドレスに何でも連絡してくれ」と記載されていたアドレスにメールを送った。ただ、返信が来るとはつゆほども思っていなかった。

私は、氏とまったく面識はない。ハーバード・ビジネス・スクールの経営学の泰斗であることも、ピーター・ドラッカー氏やクレイトン・クリステンセン氏と並ぶ十大教授の一人であることも、大変失礼ながらその時点では知らなかった。ただただ危機感を抱いていた私は、氏の著作に感銘を受けたのである。

ところが、メールを送信し、数分も経たないうちに返信が来たように覚えている。そこには、「*The Three-Box Solution: A Strategy for Leading Innovation*を読みなさい」とあった。これが二つ目の偶然、本書との出合いである。

それにしても、日本のまったく見知らぬ一読者に対して、すぐに返信をくれたことには驚いた。それも氏の、企業経営に対する飽くなき探求心と、それを一人でも多くの読者に伝えたいという使命感の表れなのだろう。

ただ問題は、*The Three-Box Solution*が、まだ日本では翻訳書が発売されていないことだった。そこで、一計を案じた。より理解を深めるため、ハーバード・ビジネス・スクールを卒業された知り合いのコンサルタントの方にも読んでいただき、要点を講義していただいた。この方の存在も、他ならぬ偶然の賜物だった。

これら三つの偶然に恵まれたことが、私が*The Three-Box Solution*の翻訳書を出版したいと考えるようになった経緯である。

さて、本書の何よりの特徴は、不変の原則を教示していることである。企業の業績を決定づける要因は一つではない。為替や景気状況に始まり、原材料の調達環境や技術の変動、各国の政治情勢、ジェンダーや労働環境。言うまでもないが、ESGやSDGs、そして何よりコンピテンシーが挙げられる。複雑な要素で組み合わさっており、すべてが経営者の手腕によるものではなく、結果オーライというケースもあることは否めない。また、厄介なことに、国や地域間の摩擦によるカントリーリスクの懸念も存在する。

それら結果のみを一つひとつあげつらい、その時代の業績の良い会社、悪い会社を後から論じることは、はなはだナンセンスである。私がまったく評価しない経営書の中には、そうした論旨も少なくない。重要なのはそこに至った戦略とプロセスであり、それに対する相対評価と体系的な手法の整理である。本書には、「三つの箱」を用いた、結果論ではない意思を持った成果を収めた実例が詰まっている。

BOX1

まさに日本の会社が強みを発揮するソリューションである、と私は考える。長期的視点の新素材開発など、日本人の強みである粘り強さを活かし、過去を忠実に継続していく事業に適している。

ただし、本業であるパフォーマンス・エンジンに全集中すると、「計画的な日和見主義」を疎かにし、「弱いシグナル」を見落とす。そこに、日本企業独特の権威主義が拍車をかけることで、イノベーションが生まれにくいという背景があるのも事実である。

BOX2

実を言うと、これには思わず笑ってしまった。日本企業の最大の欠点であり、思い当たる事象が多々あるからである。過去の習慣、活動、姿勢を手放すことほど、苦慮することはない。イノベーションを創出できない企業の欠点そのものであると考える。例えば、旬を過ぎてしまった事業を切り分けられず、たとえ切り分けられたとしても、年功序列の悪影響で余剰人員の受け皿となって残されているケースなどが挙げられるだろう。

当社で振り返ると、創業はパソコンの家具事業だったが、ノートパソコンの出現という「弱いシグナル」を感じた際、未来へ向かう目的でいち早くその「過去」から撤退したことがあった。実際、二〇年前からその家具事業の売上はゼロであり、過去を選択的に忘れることができたと思っている。

BOX3

当社ももちろんのこと、日本企業が実に苦手とするソリューションである。

・計画的な日和見主義を重視する。
・世の中や社内の弱いシグナルを読み取る。
・非線形の変化を感じる。
・探索の前に資源を整理し、小さな反復実験を繰り返す。
・異端者を発掘し、事業の支配論理、習慣や構造にとらわれない専門チームを立ち上げる。
・新たなスキルや能力のための評価プラットフォームをつくり、実験規範を採用する。
・そして何より、これらのプロセスを経て、学びとすることを厭わない。

何という至言の数々だろうか。イノベーションを起こすためには打ってつけのソリューションだ。当社は創業以来、次々と新たなカテゴリーに挑戦することで成長を続けてきた。いまから振り返ると、その過程で自ずとBOX3のソリューションを活用してきたのだと感じる。私の場合は、「積極的悲観主義」とも言える手法を合わせて用いている。新規事業には積極的にチャレンジするし、社員にもそれを求めるが、結果に対する大きな期待は抱かない手法である。失敗したらまたやり直せばいいし、うまくいけばそのまま突き進めばいいだけのシンプルな理論である。この「積極的悲観主義」の中で、僅かながらもBOX3を実践してきた。

「三つの箱」のバランス

一方で、先述の新規事業も、時間を経ることで「未来」ではなく、「現在」の事業となる。当社の社員たちも最近では保守的になり過ぎていると感じることがあるが、この瞬間こそまさに、その転換点を示すものだろう。日本企業は、大艦巨砲主義に陥りがちで、事前の調査や、小さなすばやい実験を繰り返すことをせずに、大きな失敗や事業そのものの撤退をすることが多いように思われる。本書では、この「三つの箱」のバランスを維持することの重要性が説かれており、この至言を活用していきたいところだ。

BOX1からBOX3は、非常にわかりやすい仕分けである。いくら時代が変わろうとも不変の定義であろう。

本書で紹介されている企業は、すべて一様に「三つの箱の解決法」で見事にイノベーションを成し遂げている。これこそが、不変の定義たる証左である。

私は経営者として、社の存続を図りたい一心で、経営学と真摯に向き合ってきた。玉石混交の中で、経営学には流行り廃りがあり、時には不必要に持て囃されブームとなる経営学も多々あることに気づいた。ただやはり、変わらないものは変わらない。経営者として指針としたい不変の定義はあると思っている。例示すれば、最初に感銘を受けたピーター・ドラッカー氏の「マネジメントとは成果を上げるものである」という名言は、頭に焼きついて離れない。

本書との出合いは、まさにこの不変の定義との出合いであった。氏へのコンタクトへと私を突き動かしたあの感銘は、いまでも忘れられない経験である。

私に、あらためてこの出合いをもたらしてくれた三つの偶然に感謝したい。同時に、私が感銘した「三つの箱の解決法」という不変の手法を、こうして皆さんにご紹介できることを光栄に思う。

さあ、*The Three-Box Solution*のビジネスモデルで、未来をいまからつくっていこう。不変の原則で。

二〇二一年　夏

エレコム株式会社　代表取締役会長　葉田順治

[著者]

ビジャイ・ゴビンダラジャン (Vijay Govindarajan)

世界有数の戦略とイノベーションの専門家。12冊の著作のほか、学術誌や実務雑誌にも幅広く寄稿している。その著作はニューヨーク・タイムズ紙やウォール・ストリート・ジャーナル紙のベストセラーリストにも登場した。現在は、ダートマス大学とハーバード大学の教授陣の一員である（ダートマス大学タック経営学大学院のコックス寄付基金教授、ハーバード・ビジネス・スクールのマービン・バウワー・フェロー）。

ゴビンダラジャンは、フォーチュン500（フォーチュン誌が年に一度発行する総収入に基づく全米上位500社のリスト）企業の25パーセント以上のCEOや経営チームと、戦略やイノベーションについて議論を交わし、思索を深めてきた。また、ゼネラル・エレクトリックで初めての招聘教授、およびチーフ・イノベーション・コンサルタントを務め、当時CEOのジェフ・イメルトと協同執筆したハーバード・ビジネス・レビュー誌（HBR）の記事、「GEはどうやって自らを破壊しているのか」で「リバース・イノベーション」（途上国で先に採用されたイノベーション）の概念の先駆者となった。HBRは「リバース・イノベーション」を20世紀の「経営の重要転機」の一つに挙げている。

ゴビンダラジャンの研究、および学説は数々の栄誉に輝いている。学術誌「アカデミー・オブ・マネジメント・ジャーナル」の殿堂入りしたほか、学術誌「マネジメント・インターナショナル・レビュー」では戦略研究分野の北米トップ20スーパースターにランクイン、また最新の「経営思想家ベスト50」ではインドの経営思想家１位となっている。数多くの講演依頼を受ける中、ビジネスウィークCEOフォーラム、HSMワールド・ビジネス・フォーラム、TED、世界経済フォーラム（ダボス会議）でも基調講演を行った。

ダートマス大学タック経営学大学院教授就任前は、ハーバード・ビジネス・スクール、INSEAD（フォンテンヌブロー）、インド経営大学院アーメダバード校で教鞭を執った。博士号、MBAは、ともに（優秀な成績で）ハーバード・ビジネス・スクールにて取得。

妻のキルティとともに、ニューハンプシャー州ハノーバー、そしてマサチューセッツ州ボストンで暮らしている。

[訳者]

竹林正子（たけばやし・まさこ）

広島県生まれ。上智大学外国語学部卒業。フランス国立ポンゼショセ工科大学院国際経営学部修了（MBA）。外資系金融機関、出版社勤務を経て、フリーの翻訳者に。主な訳書に『ポール・マッカートニー――メニー・イヤーズ・フロム・ナウ』『STILL A PUNK ジョン・ライドン自伝』『シド・ヴィシャスの全て VICIOUS――TOO FAST TO LIVE…』『病んだ魂――ニルヴァーナ・ヒストリー』（いずれもロッキング・オン刊）、『いくつになっても脳は若返る』（ダイヤモンド社刊）などがある。また、NHK「猫のしっぽ カエルの手」で人気の京都・大原在住のハーブ研究家ベニシア・スタンリー・スミスさんのエッセイや著書『ベニシアの言葉の宝箱』（世界文化社刊）、『幸せは自分の中にある――ベニシア、イギリス貴族の娘。』（KADOKAWA刊）などの翻訳も手がけている。

［監訳者］
葉田順治（はだ・じゅんじ）
エレコム株式会社 代表取締役会長。1953年、三重県熊野市生まれ。76年、甲南大学経営学部を卒業し、材木問屋に就職。77年、実家の製材工場再建のため熊野市に戻る。86年、エレコムを創業し、取締役に就任。92年、常務取締役。94年、専務取締役。代表取締役社長を経て、2021年3月に現職に就任。世界的な経営書を読むことや著名な経営者の講演を聴くことを習慣としており、現在も最新の経営学を学び続けている。
その間、エレコムは2006年にジャスダック、13年には東証一部に上場。パソコンブームの到来とともに企業規模を拡大。その後、スマートフォン関連にも進出。数多くのIT機器関連製品を手がけている。現在では、デジタル分野にとどまらず、ヘルスケア・医療・放送・社会インフラといったさまざまな分野に進出するなど、IoT関連を中心としたBtoB事業領域をビジネスチャンスととらえ、新たなチャレンジを続けている。
また、社会活動として公益財団法人葉田財団を設立。子どもたちの健全な育成に寄与する助成事業を推進。子ども食堂を中心とした健康増進支援、社会的養護関係施設の若者向けキャリア支援、そして新生児蘇生法訓練の教育支援など、活動領域のさらなる拡大に取り組んでいる。

イノベーション創造戦略——組織の未来を創り出す「三つの箱の解決法」

2021年9月14日　第1刷発行
2022年3月14日　第2刷発行

著　者——ビジャイ・ゴビンダラジャン
監訳者——葉田順治
訳　者——竹林正子
発行所——ダイヤモンド社
〒150-8409　東京都渋谷区神宮前6-12-17
https://www.diamond.co.jp/
電話／03･5778･7235（編集）　03･5778･7240（販売）
ブックデザイン—青木 汀（ダイヤモンド・グラフィック社）
製作進行——ダイヤモンド・グラフィック社
印刷————信毎書籍印刷（本文）・加藤文明社（カバー）
製本————加藤製本
編集担当——久我 茂

ISBN 978-4-478-11321-9